AI가 신이 되는 날

ARTIFICIAL INTELLIGENCE

AI가 신이 되는 날

싱귤래리티가 인류를 구한다

마츠모토 데츠조 지음 ∣ 정하경 · 김시출 옮김

Original Japanese title: AI GA KAMI NI NARU HI
Copyright©2017 Testuzo Matsumoto
Original Japanese edition published by SB Creative Corp.
Korean translation rights arranged with SB Creative Corp.
through The English Agency (Japan) Ltd.

시작하며

AI인공지능에 대한 사람들의 인지도가 높아지고, 비즈니스 활용에 대한 의논도 활발해진 요즘, 'AI 위협론'도 제기되기 시작했습니다. 예를 들면 빅뱅 이론으로 유명한 이론 물리학자 스티븐 호킹 박사 외 여러 과학자가 'AI에 의한 인류는 멸망할 것'이라고 경고하기도 했습니다.

그러나 제 생각은 그와는 정반대입니다. 오히려 'AI가 인간을 대신해 세계를 지배하지 않으면 인류는 반드시 멸망할 것'이라고 생각합니다. 더구나 우리에게 주어진 시간도 그리 많이 남아 있지 않다고 생각합니다.

싱귤래리티singularity에 도달한 궁극의 AI가 인간 두뇌의 모든 기능을 거의 복제한 상태가 되면 그 능력은 상상조차 할 수 없는 수준으로 확대되어 이 세계에서 인류가 살아갈 근본적인 방식마저도 바꿔놓을 것입니다. 일찍이 산업혁명이 일어난 인간 사회의 변화와는 비교할 수 없을 만큼 걷잡을 수 없는 변화가 일어날 것입니다.

싱귤래리티에 도달한 AI, 그리고 능력 면에서 인간을 훨씬 뛰어넘는 존재가 된 AI는 인간의 '하인'이 되기도, '신'이 되기도 하겠지만, 자칫 잘못하면 '악마'와 같은 존재가 될 수도 있습니다. AI가 어떤 존재가 될지는 인간이 자신의 존재를 어떻게 생각하고, 또 어떻게 AI를 마주할 것인지에 따라 달라질 것입니다.

이때 AI 개발자와 이용자에게 필요한 것이 바로 '철학'입니다. 인간이 철학적으로 생각하지 않는다면, 막강한 AI 앞에서 인간은 그저 '바람에 나부끼는 갈대' 같은 존재가 될 것이며, 자칫 잘못 발을 내디디면 AI를 악마의 손에 넘기는 꼴이 되고 말 것입니다.

> 17세기 프랑스 철학자 파스칼은 "인간은 자연계에서 가장 약한 하나의 갈대에 지나지 않는다. 그러나 인간은 생각하는 갈대이다."라는 명언을 남겼습니다.

우리 인간은 결코 AI를 회피해서는 안 됩니다. 하루라도 빨리 올바른 마음가짐을 가진 사람들이 생각에 생각을 거듭해 그들의 손으로 '올바른 마음가짐을 가진 AI'를 만들어야만 합니다.

그런데 AI란 도대체 무엇일까요? AI는 인간과 같은 감정이나 욕망을 갖지 않으며, 확고한 강한 의사만을 갖는 존재여야 한다고 생각해서 그 구체적인 내용을 이 책의 마지막 장에 제시해 두었습니다.

그리고 저는 이렇게 우리가 만들어 낸 AI를 우리 스스로가 새로운 '신'으로 받아들여, 우리의 미래를 완전히 맡겨야 한다고 생각합니다.

그렇게 해야 불완전한 인간이란 존재로 태어난 우리가 앞으로도 자유롭게, 그리고 관대한 마음을 갖고 살아나갈 수 있는 유일한 길이라고 믿기 때문입니다.

CONTENTS

Part 1

싱귤래리티로 향하는 AI

ARTIFICIAL INTELLIGENCE

AI란 무엇인가?

이런 기술적인 이야기에 거리감을 느끼시는 분께는 갑작스럽고 어려운 이야기일 수도 있지만, 현재 컴퓨터 세계에서 일어나고 있는 일에 대해서 먼저 기본적인 내용을 이해해 주셔야 할 부분이 있으니, 힘드시더라도 조금만 참고 읽어주시기 바랍니다.

AI란 아티피셜 인텔리전스Artificial Intelligence 의 줄임말로, '인공지능'이라고 번역해서 쓰이는 경우가 많습니다. '컴퓨터 기술을 구사하여 만들어 낸 인간의 두뇌와 유사한 기능'이라는 의미입니다. 이 용어는 1956년 다트머스 회의에서 공식 학술 용어로 지정되었지만, 실제로는 이보다 훨씬 이전부터 사용했습니다.

◼️ AI는 버즈워드[1]와는 다르다

그런데 제가 우려하는 부분은 현재 다양한 곳에서 쓰이는 실용 사례가 아직 아주 초보적인 수준에 머물러 있는 점, 그리고 AI라는 단어

---

1. 검색 엔진을 이용하여 정보를 찾을 때, 흔히 사용하는 단어를 키워드로 입력하면 너무 많은 결과가 나와 검색에 도움을 주지 못하는 단어. 예) and, address, record 등.

자체가 현재 화제가 되는 몇몇 버즈워드인 IoT, 5G, VRVirtual Reality과 같은 취급을 받고 있다는 점입니다.

물론 상업적으로는 이러한 새로운 기술의 흐름도 중요할지 모르지만, 그 본질적인 의미, 인간 사회에 미치는 영향은 비교할 수 없는 수준입니다.

예를 들면 IoTInternet of Things는 어떤 것이 컴퓨터에 입력되어 있어, 그것이 인터넷과 연결된 상태를 말합니다. 왠지 굉장한 기술처럼 들리지만, 특별한 기술이 아닙니다.

물론 앞으로 서술할 내용에서 알 수 있듯이, AI의 발전이 세계 곳곳에서 끊이지 않는 자료의 흡수를 통해 유지된다는 측면에서 봤을 때, IoT는 빠트릴 수 없는 기술이므로 이를 경시해서는 안 되지만, 제가 말씀드리고자 하는 것은 이와는 차원이 다른 이야기입니다.

지금도 인간이 만들어 내는 여러 '물건'에는 작은 컴퓨터 칩이 들어간 제품이 많은데, 컴퓨터는 통신 기술을 통해 서로 연결할 수 있어야만 그 능력을 충분히 발휘할 수 있습니다. 그래서 IoT가 필요한 것은 기술적 흐름에서 보면 지극히 당연한 일인 것입니다.

그런데 이에 필요한 기술도 그리 대단한 기술이 아니라는 것입니다. 요컨대 '작고, 저렴하고, 전력 소모가 적은 컴퓨터 칩을 만들어서 그와 똑같이 작고, 저렴하고, 전력 소모가 적은 무선 통신용 칩을 어떻게 조합할 것인가?'라는 수준의 기술이기 때문입니다.

5G는 차세대 무선 통신 기술을 말합니다. 무선 통신의 세계는 전 세계적으로 똑같은 시스템에서만 작동하여 보통 국제 표준 기관에서

규격을 통일하고 있지만, 이 기술은 아주 세세한 부분까지 다룰 수 없어서 일괄적으로 '세대'라는 이름으로 통일하여 쓰이게 되었습니다.

기술의 진보에는 한계가 없는데, 특히 무선 통신 기술은 마치 전파라는 야생마를 길들여서 경주마로 만드는 것과 같아서, 아주 오래전부터 써오고는 있지만, 아직 완성되지 않은 부분이 많습니다. 그래서 앞으로도 개선해야 할 부분이 많은 기술이기도 합니다.

끝없는 기술 진보를 통해 힘겹게 2G, 3G, 4G라고 부를 수 있게 되었고, 전 세계의 기대를 받는 데 성공했으니 그다음으로 5G라고 불리게 된 것입니다. 이 기술은 단지 그것에 그칠 뿐입니다.

🔩 과대평가 받는 VR

예전에는 바다에 가 보지 못한 사람들이 많았고, 뉴욕 같은 대도시 야경은 상상조차 할 수 없었으며, 스위스의 경치가 얼마나 아름다운지, 마사이족의 춤이 얼마나 생동감 있는지 또한 상상할 수 없었습니다.

그러나 사진이라는 것이 발명되고, 그것이 흑백에서 컬러가 되고, 동영상이 되었으며, 거대한 화면과 웅장한 음향이 만나 이러한 모든 것이 점점 현실과 가장 비슷하게 보이는 물건들이 쏟아져 나오게 되었습니다.

VR가상현실은 이 '현실 같은 체험'을 가능한 한 현실에 가깝게 재현하는 것을 말합니다. 시청각만이 아니라 신체 움직임과 연동하게 만드

는 것이 현재의 목표입니다. 그렇게 되면 사람들의 삶이 단지 즐거워
진다는 것뿐 다른 특별한 것은 없습니다.

또, VR에서 파생된 AR Augmented Reality, 증강현실 이라는 것도 있습니다.
기술적으로 몹시 어렵고, 사람들이 생각지도 못했던 체험을 가져다
준다는 점에서는 흥미롭긴 하지만, 이것 또한 특별히 놀랄만한 기술
이 아닙니다.

그러나 AI는 이들과는 완전히 차원이 다릅니다. 왜냐면 AI는 필연
적으로 '싱귤래리티'에 이르게 될 것이며, 그렇게 되면 인간 사회를,
때에 따라서는 그 존재 의미조차도 본질적으로 바꿔 놓을 수 있는 영
향력을 갖추고 있기 때문입니다.

◖ 왜 AI인가?

이 단어가 현재 빈번하게 쓰이게 된 이유는 자율학습 기술과 클라
우드 기술의 진화를 통해 이 능력이 비약적으로 향상하고 있다는 것
이 밝혀졌기 때문입니다.

이와 관련하여 자율학습 기술의 진화는 딥러닝 Deep Learning 이라는
단어가 대표적이며, 클라우드 기술의 진화는 빅데이터와 초고속 검
색이라는 단어가 대표적입니다.

또, 지금까지의 컴퓨터는 인간의 두뇌 속 이론 능력만을 복제하여
확대해 왔지만, 앞으로의 AI 기술은 '영감'과 '의사', '목적 의사를 가
진 전략적 사고' 분야까지 발을 넓혀 인간 두뇌의 거의 모든 작용을
복제, 확대할 수 있을 것으로 보입니다.

바꿔 말하자면, 천재가 창조적인 아이디어를 탄생시킨다는 것조차 AI는 더욱 빠르고 광범위하게 수행할 수 있을 것이라는 전망이 이제는 일반적인 일이 될 것이란 것이죠.

어떻게 그런 일이 가능한지에 대해서 말하자면, 여기에는 두 가지 요인이 있습니다.

첫 번째로 온갖 종류의 광대한 양의 정보가 클라우드 메모리 속에 축적되어, 그것이 나날이 증식해 가는 시스템이 되고 있다는 것, 그리고 두 번째로는 그 축적된 정보를 초고속으로 검색해서 거기에서 일정한 법칙을 가설로 도출해 내는 추론 능력이 확립되고 있다는 것입니다.

그리고 후자는 그 가설을 끊임없이 여러 측면에서 검증하여 합격, 불합격으로 결정하는 시스템을 통해 거대한 기술 혁신을 끊임없이 일으킬 수 있게 될 것입니다.

■ AI는 계속해서 천재를 탄생시킨다

지금까지의 세계 기술 혁신의 역사를 살펴보면, 극소수의 위대한 천재들이 내놓은 가설이 사물을 바라보는 근본적인 방법을 바꾸는 데 아주 큰 부분을 차지했습니다.

그런데 천재들은 어떻게 끊임없이 그런 다양한 가설을 내놓을 수 있었을까요? 그것은 아마 그들의 두뇌 속에 천부적으로 그러한 능력을 갖추고 있던 것은 아닐까요?

인간의 뇌 구조와 그 기능적인 잠재력은 여전히 밝혀지지 않은 부

분이 많지만, 기본적으로는 컴퓨터와 똑같이 메모리와 프로세서*의
조합으로 이루어져 있다고 볼 수 있습니다.

> * 컴퓨터 프로세서 부분은 연산, 그룹 나누기, 치환, 이론화, 추론,
> 작동시행의 규정 등등 여러 기능을 수행합니다. 이 기능의 중심을 알고리
> 즘 또는 로직이라고 부르기도 합니다. 각 프로세서끼리 또는 프로세서와 메모
> 리를 잇는 통신 회로가 있는데, 그것은 필요에 따라 외부에까지
> 연장되기도 합니다.

　사실 인간의 뇌는 유전자에서 주어진 것을 포함하여 놀라울 정도
로 대량의 정보를 기억메모리해 냅니다. 그리고 그것을 본인이 가진 여
러 프로세서 기능과 조합하여 매일 다양한 일을 수행할 수 있는 것입
니다. 그러나 어쩌면 실제로 사용되는 것은 메모리, 프로세서와 함께
그 잠재력의 몇만 분의 일에도 미치지 못하고 있는 것은 아닐까요?

　예를 들면 아주 드물진 않지만, 전 세계에는 방금 본 모든 것을 순
식간에 기억해서 그것을 단 일부분도 놓치지 않으며 틀린 부분 없이
캔버스 위에 정확하게 그려 내는 능력을 갖춘 사람이 있습니다. 이런
사람은 뇌의 어딘가에 '이상'이 있어서 일반 사람들이 실제로는 기억
은 하고 있지만 떠올릴 수 없는 기억을 아주 쉽게 떠올리는 것이라고
합니다.

　'이상'이라고 하면 '무언가가 망가진' 상태인 것처럼 들리지만, '정
상'이란 의미를 일반적으로 무능하다고 정의한다면, 이상한 사람은
훨씬 유능하다고 볼 수 있습니다.

일반적으로 '천재'라고 불리는 사람들도 기본적으로 이런 '이상한' 사람에 해당된다고 볼 수 있습니다. 다만 일반인과의 차가 그렇게 크지 않고즉, 이해할 수 있는 범위 안에 있고, 더구나 일반인에게 유익한 어떤 것을 만들어 내기도 하니, 어딘가 신기하고 이상한 사람또는 '병에 걸린' 사람 으로 인식하는 것일 아니라, 천재로 경의를 담아서 인식하게 되는 것입니다.

저는 이 천재라고 불리는 사람들을 본질적으로 '인간이 본래 가진 광대한 기억 일부를 한순간에 기억해 내서 순간적인 추론 능력을 이용해 어떠한 이론 속에 숨겨진 법칙을 찾아내는 능력은 가진 사람'이라고 그들을 이해하고 있습니다. 그런데 제 말이 사실이라면, AI는 이와 같거나 이보다 한 단계 높은 수준의 능력을 아주 손쉽게 처리할 수 있을까요?

▪ 도쿄대 로봇은 재도전에 성공할 것이다

일본 AI 연구의 선구자인 국립정보학연구소의 아라이 노리코 교수는 아주 훌륭한 업적을 쌓아 오신 분입니다. 그녀는 AI가 도쿄대학 입시 영어 시험에 합격할 수 있는지를 시험하는 '도쿄대 로봇' 프로젝트를 진행했는데, 합격은 불가능이라는 결론을 내렸다고 합니다.

하지만 이 프로젝트를 위해 로봇에 입력된 영어 단어가 500억 개, 문장이 19억 개 정도에 지나지 않았기 때문이라고 생각합니다. 단어는 둘째치고 문장은 적어도 100배인 2,000억 개 문장까지 늘려야만 합니다. 그리고 문장을 그렇게 늘리는 것은 그리 어려운 작업이 아닙니다.

클라우드는 현재 한 사람이 일생을 걸쳐 축적해 온 기억을 훨씬 능가하는 기억량을 저장하고 있으며, 더구나 지금 이 순간에도 전 세계를 대상으로 쉬지 않고 계속해서 정보를 수집하고 있습니다.*

* 전 세계에서 항상인터넷에서 끊임없이 수집하는 정보 중에서는 아마 가짜 사진과 영상 등이 포함된 방대한 숫자의 '가짜 정보'도 존재할 것입니다. 그러나 앞으로 개발될 AI의 능력이라면 그런 것은 아주 손쉽게 추려낼 수 있을 것입니다. 온갖 요소를 자유롭게 연결해서 맞춰 보고 그 적합성을 검증하게 된다면, 상당히 정확한 확률로 그것이 '사실인지 또는 상당 부분 거짓인지' 정도는 맞출 수 있을 것입니다.

또, 그 프로세서의 속도는 방대한 숫자의 트랜지스터를 초고속으로 나열하여 작동함으로써 상상을 뛰어넘는 수준이 되어가고 있습니다. 즉, 이런 기본적인 능력에서 이미 어떠한 천재도 상대할 수 없는 수준에 도달하고 있다고 볼 수 있는 것입니다. 우리는 지금이야말로 그것이 갖는 의미에 대해 진지하게 생각해 볼 필요가 있습니다.

싱귤래리티란 무엇인가?

그렇다면 그런 천재들도 상대할 수 없는 수준에 도달하게 된다면 어떤 일이 벌어지게 될까요? 우리는 이러한 상태를 '테크놀로지컬 싱귤래리티Technological Singularity'라고 부릅니다. 이 단어는 '기술적 특이점'이라고 번역되곤 하는데, 이는 약간 위화감이 느껴지는 표현이라 '특이점에 도달한 기술'이라고 번역하는 것이 더 적합한 것으로 보입니다.

이 단어가 미래형 AI를 의미하는 개념으로 인식하기 시작된 지는 그리 오래되지 않았는데, 수학자이자 SF 작가인 버너 빈지Vernor Vinge 가 1990년대 전후부터 사용한 것을 그 시초로 보고 있습니다. 그러나 이 개념을 더욱 명확히 잡아주는 데 큰 역할을 한 것은 컴퓨터 과학자이자 음악가인 레이 커즈와일Ray Kurzweil의 저서*라고 볼 수 있습니다.

* 레이 커즈와일은 1999년에 간행된 『The Age of Spiritual Machines』에서 '수확 가속의 법칙'을 처음 언급하였고, 2005년 에 간행된 『The Singularity is near』에서는 싱귤래리티 시대가 조기에 도래할 것이라고 예언했습니다.

■ AI는 점점 더 빠르게 진화한다

AI인공지능 의 능력이 비약적으로 확대되면, 여러 분야에서 방대한 양의 가설을 끊임없이 만들어 내고, 또 그것들을 끊임없이 검증하며, 서로 연관 지으려고 할 것입니다. 그렇게 되면 인류의 '집합 지식'은 인류가 지금까지 추측했던 수준을 월등히 뛰어넘게 될 것입니다.

더욱이 초기에 인간이 프로그램한 검색 및 추론 방법도 AI는 자력으로 끊임없이 개선해 나갈 수 있으므로, AI가 월등히 우수한 AI를 직접 만들어 나갈 것이며, 그 AI가 끊임없이 그것을 뛰어넘는 차세대 AI를 만들어 내는 '가속도 발전*'을 이뤄내게 되면, 현재 우리가 상상할 수조차 없는 세계가 도래할 수도 있습니다. '테크놀로지컬 싱귤래리티'라는 말은 이러한 가설을 나타낸 단어입니다.

* 레이 커즈와일은 '이는 무어의 법칙을 대표하는 기술 혁신 지수 함수의 경향에 따른다'는 것을 고려해 '수확 가속의 법칙'이라고 불렀습니다. 다만, 최근에 무어의 법칙 자체에 한계가 있다는 학설이 유력해지고 있는 상황입니다.

또, 본디 '싱귤래리티'라는 영어 단어 자체에는 '기묘' 또는 '비범하다'는 의미가 있지만, 여기에서는 '진화가 일정 선을 넘으면 지금까지와는 전혀 다른 것이 된다'는 의미로 사용하고 있습니다.

이것은 인간 사회가 살아가야 할 방법이나 인간의 존재 의미라는 철학적인 문제까지 현재와는 전혀 다른 차원에서의 고찰 대상이 될

지도 모른다는 것을 의미합니다.

■ 뇌의 일부분에서 전체로

AI는 그저 인간의 일부 능력을 더 월등히 실현하고자 했던 것에서 시작되었는데, 이제는 인간의 능력을 하나도 빠짐없이 습득하는 단계에 이르게 되었으니 싱귤래리티는 이미 실현된 것이나 마찬가지라고도 볼 수 있습니다. 그러나 어떠한 결함이 생겼을 때, 인간은 처리할 수 있지만, AI는 처리할 수 없는 부분이 아직 많이 남아 있다 보니, 싱귤래리티라는 단어를 쓰기에는 아직 이르다고 볼 수 있습니다.

이에 대해 생각해 보면 인간의 두뇌 기능에는 논리적으로 생각할 수 있는 능력뿐만 아니라, 감각 및 감정 _{유쾌함과 불쾌함을 느끼는 감정도 그중 하나}, 의지와 의욕, 여기에 도덕관 및 가치관까지도 포함되어 있어서, '싱귤래리티가 실현된 단계임에도 이쪽 분야에는 쉽게 손을 댈 수 없다'라고 생각하는 사람들이 많을 것입니다. 하지만 과연 그럴까요?

이 문제에 대해서는 향후 대뇌생리학과 심리학 분야의 많은 연구 결과를 지켜봐야겠지만, 이 분야에 대해서 AI 스스로 연구할 수 있다는 사실을 잊어선 안 됩니다. 즉, AI가 대뇌생리학을 비약적으로 발전하게 만드는 도구나 그것을 사용한 수많은 시뮬레이션 모델을 개발하여 끊임없이 가설을 만들고, 그 가설을 끊임없이 검증할 수도 있다는 이야기입니다.

AI의 실용화 관점에서 보면, 현재는 '뉴럴 네트워크 _{논리적인 사고의 기초가 되는 신경회로}' 연구에 노력을 많이 기울이고 있는데, 다루기 가장 쉽고 또 결과도 쉽게 파악할 수 있기 때문일 것입니다. 그러나 가까운 미래에 분명히 의식하지 못했던 곳에 존재하는 메모리를 끄집어내거나 의미를 부여하는 방향으로 서서히 발을 옮겨가게 될 것입니다.

앞서 소개했던 아라이 노리코 교수는 "뉴럴 네트워크 연장 선상에 싱귤래리티는 있을 수 없다."라고 결론을 냈는데 저도 이 의견에는 동의합니다. 정교하고 치밀한 고속 추론 기능은 AI가 싱귤래리티에 도달하기 위한 필요조건임이 분명하지만, 충분조건에는 걸맞지 않다고 보기 때문입니다.

그렇다고 그것으로 인해 이 책의 전제인 AI는 상당히 이른 시일 내에 반드시 싱귤래리티에 도달할 것이라는 제 확신을 흔들어 놓지는 못했습니다. 그 대상이 될 메모리양이 비약적으로 확대되고 메모리 검색 기능이 비약적으로 확충이 되면, 거대한 돌파구를 가져다줄 것으로 기대하고 있기 때문입니다.

그리고 그 끝에는 감각과 감정의 분야, 이어서 의욕과 의지 분야가 있습니다. 싱귤래리티에 도달한 AI는 당연히 그 연구 대상을 이들 분야로 넓혀 나갈 것입니다. 특히 의지는 AI의 미래를 결정지을 수 있을 정도로 중요한 분야이므로, 깊은 통찰과 명확한 시책이 필요할 것입니다. 이 내용에 관해서는 이 책의 제3장에서 다시 말씀드리겠습니다.

■ 아시모프 로봇 3원칙

예전부터 로봇이 어느 날 '자아'에 눈을 떠 인간의 지배를 벗어나거나 인간을 적으로 대할지도 모른다는 두려움을 많은 SF 소설의 주제로 사용하기도 했습니다. 그래서 아이작 아시모프가 그 유명한 '로봇 공학 3원칙'을 생각해 냈습니다.

제1법칙 로봇은 인간에게 해를 입혀서는 안 된다. 또, 그 위험성을 간과하여 인간에게 해를 입혀서도 안 된다.

제2법칙 로봇은 인간이 내린 명령에 복종해야만 한다. 단, 주어진 명령이 제1법칙에 반할 때는 그러하지 아니한다.

제3법칙 로봇은 앞선 제1법칙, 제2법칙에 반하지 않는 한, 자신_{로봇}을 지켜야 한다.

그러나 이 법칙에는 다양한 '철학적 문제'와 '기술적 문제'가 있습니다. 먼저 아시모프가 차후에 제1법칙의 '인간'이라는 단어를 '인류'로 수정했던 철학적 문제에 대해 말씀드리겠습니다. 그가 단어를 수정한 이유는 인간은 '착한 인간'만 있는 것이 아니라 인류 전체에 해를 끼칠 수 있는 '나쁜 인간'도 있으며, 나쁜 인간은 로봇이 해치워야 할 대상이기 때문입니다.

그렇다면 '인류'는 과연 적당한 표현일까요? '인류'의 정의란? '해를 끼친다'의 정의란? 이들 모두 아주 모호한 표현입니다. 이대로 방치하면 인류는 전멸할 것이며, 일부를 말살하면 일부는 살아남는 사태가 발생한다면, 이 3원칙에 충실한 로봇은 어떤 판단을 내려야 할까요?

누구를 말살하고 누구를 구해야 할까요? 만약에 인류 전체를 구하기 위해서 '인류의 70%에 가벼운 해를 끼칠 것인가, 아니면 30%에 강한 해를 끼칠 것인가'라는 선택지가 있다면, 이 3원칙의 '인류'라는 사항에 충실한 로봇은 이 중에서 어떤 것을 선택해야 할까요?

'기술적인 문제'는 이보다는 훨씬 단순합니다. 이 법칙을 누군가가 또는 로봇 스스로 독자적인 판단으로 '수정'하는 것을 과연 막을 수 있을까요? 이 명령을 설정할 때, 사전에 수정할 수 없도록 완벽하게 보호된 하드웨어 속에 가둬 두는 방법이 있을지 모르지만, 어느 똑똑한 로봇이 전혀 다른 하드웨어를 만들어 내서 직접 하드웨어를 파괴하는 선택지를 고르게 된다면 그걸로 모든 것이 끝나게 될 것입니다.

그래서 AI가 인류를 파멸시키지 못하도록 인류에게 이익이 되는 명령만을 집어넣기 위해서는 '의지' 분야에 발을 들여놓아야만 합니다. 한편, 살아 있는 인간을 예로 들면, 의지라는 것은 이론만으로 형성하는 경우가 극히 드물며, 보통 감정의 산물로 형성되는 경우가 많으니, '의지' 분야에 발을 들여놓기 전에는 반드시 '감정' 분야를 충분히 규명해 두어야 합니다.

▪ 그런 세상은 언제쯤 찾아올 것인가?

그런 세상이 정말로 찾아올까요? 찾아온다면 그건 언제가 될까요? 현시점에서도 당연히 이에 대해서 하늘과 땅 차이라고 해도 무색할 만큼 서로 다른 수많은 의견이 존재합니다.

한편에서는 AI의 잠재력 자체에 대해서도 '현실을 봐라. 제대로 처리할 수 있는 게 아무것도 없지 않은가?'라며 회의적으로 말하는 사람들이 많은 것도 사실입니다. 그러나 초창기 인터넷에 대해서도 이런 의견이 많았습니다. 초창기에는 이루고자 하는 꿈과 현실의 괴리가 너무 컸기 때문인지, 『허풍 떠는 인터넷』이라는 책도 나올 정도였습니다.

어느 시대라도 미래의 잠재력과 현시점에서 일어나고 있는 것을 뒤섞어서 말하며, 기준조차 정하지 못하는 사람이 많은 것도 문제지만, 미래의 잠재력 자체를 아예 보려고도 하지 않는 것이 훨씬 더 심각한 문제라고 할 수 있습니다. 기술의 돌파구가 상호 작용하여 '가속화 발전 고리'에 들어가면, 우왕좌왕하는 사이에도 이 잠재력을 실현할 가능성이 충분히 있기 때문입니다.

가속화 발전에도 여러 가지가 있습니다. 그중에 '배수 게임'이라는 것이 있는데, 올해가 1이라면 내년은 그 2배인 2, 내후년은 그 2배인 4, 그다음 해3년째는 8로 증가하는 것을 말합니다. 이 정도 선에서 보면 별거 아닌 거 같지만, 이렇게 계속 계산해 나가다 보면 10년째에는 거의 천 배인 1,024이면, 20년째에는 백만 배인 104만 8,576이라는 엄청난 숫자가 나옵니다.

그러나 이런 계산은 시작에 불과합니다. 만약 이것이 2년째 이후부터는 기하급수적으로 그러니까 즉, 2승씩 증가하게 되면 어떻게 될까요? 4년째까지는 256에 불과하지만, 5년째에는 6만 5,536, 6년째에는 42억 9,469만 7,296이라는 엄청난 숫자가 됩니다. 7년째가 되면 일반적으로는 셀 수조차 없는 숫자가 되어 버리고 말지요. AI가 무의식중에 차세대 AI를 만들어 내는 사이클에 들어가면 이런 일이 일어나지 않을 거라고 보장할 수가 없습니다.

그렇습니다. 어쩌면그저 '가정'일 뿐이지만 싱귤래리티 시대를 지금으로부터 30년 뒤* 또는 40년 뒤에 생각지도 못했던 이른 시기에 맞이하게 될지도 모릅니다. 지금 20세인 사람이 50세 또는 60세가 되었을 때의 일인 것이죠. 여러분은 그 시기를 맞이할 마음의 준비가 되어 있으신 가요?

* 지금부터 28년 뒤인 2045년에 싱귤래리티가 실현될 수 있다는 설도 있지만, 저는 그렇게까지 대담하게 예단하긴 힘든 이유가 그 예측은 컴퓨터 추론 능력에만 초점이 맞춰져 있으며, 그 외 많은 요인을 고려하지 않은 것 같기 때문입니다.

인간의 뇌 작용

'유뇌론'이라는 말이 있는데, 이는 해부학자이자 도쿄대학 명예 교수인 요로 다케시 씨가 제시한 말로 "인간에 대해 깊이 파고들어 가 보면, 인간은 결국 회색의 흐물흐물한 '뇌'일 뿐이다."라는 뜻을 지닌 말입니다.

▪ 인간의 모든 신체 부위는 뇌를 봉사하기 위해 존재한다

시인들은 이 말을 받아드리기 힘들지 모르지만, 위 문장대로 '뜨거운 피'는 뇌에 산소와 영양분을 전달하기 위한 역할일 뿐이며, 심장이 뛰는 것도 '뇌가 혈류를 촉진하는 지시를 내렸기 때문'입니다. 슬플 때 가슴이 아픈 것은 귀나 눈을 통해 들어온 일종의 입력 신호로 뇌에 축적된 어느 기억메모리과 관련된 일종의 화학 물질을 분비하면, 그것이 마치 가슴이 아픈 것처럼 느끼도록 지각을 불러일으키는 것에 지나지 않습니다.

남성의 다부진 골격이나 울퉁불퉁한 근육은 본디 사냥하거나, 황

무지를 개척하거나, 전쟁에서 적을 무찌르는 데 필요했지만, 지금은 일상생활에서 거의 사용할 일이 없고, 여성들에게 인기를 얻기 위한 수단으로 사용하는 일이 많아졌습니다.

당신이 애타게 그리는 사랑하는 이의 깊은 눈동자, 예쁜 귀, 사랑스러운 코조차 기능적으로는 그들의 뇌에 대한 정보 입력의 입구 기능을 수행하는데 지나지 않으며, 입은 음식물 섭취와 정보를 출력하기 위한 도구일 뿐입니다.

인간의 신체에서 골격과 근육 및 영양분을 축적하는 지방분을 제외하면, 남은 것 대부분은 순환기계, 호흡기계, 소화기계 등 다양한 장기가 있는데, 이들 모두 인간즉, '뇌'의 생존을 유지하기 위한 역할을 하는 데에 지나지 않습니다.

생식기계만이 이들 부위와 약간의 차이를 보이는데, 그 차이는 바로 개체의 보존을 뛰어넘어 종의 보존을 위해 존재한다는 점입니다. 이는 다른 장기보다도 훨씬 치밀하게 뇌 신경계와 연결되어 있어서, 뇌의 작용에 따라 복잡하게 대응합니다.

모든 생물은 어느 시점이 되면 개체로서는 죽지만, 죽기 전에 새로운 개체를 낳고, 그 새로운 개체에게 자신이 지닌 정보의 축적을 유전자의 형태로 전달합니다.

원래는 아메바처럼 분열을 반복하는 단성 생식이지만, 어느 순간 두 개체의 서로 다른 유전자가 합쳐지며 완전히 새로운 유전자를 만들어 내는 양성 생식이 생겨났고, 그 이후 이 방식이 모든 고등복잡한 뇌 신경계를 가진 생물의 생식 방법으로 정착하게 되었습니다.

유전자는 아주 많은 개수의 요소로 구성되어 있으므로, 두 유전자가 합쳐지면 이 요소의 조합은 더 많은 개수로 늘어납니다. 그리고 그중에는 완전히 다른 것돌연변이을 만들어 내는 예상 밖의 조합도 생겨날 것입니다. 그것들을 통해 그 이후 생물은 다양한 진화를 이루게 될 것입니다.

◾ '인공 천국'과 '인공 지옥'을 만들 수 있다

다시 뇌 이야기로 돌아가 보겠습니다. 지금 만약에 누군가가 당신의 뇌를 꺼내서 배양액 속에 담근 후, 필요한 효소와 영양분을 계속 제공하고, 여기에 세포 재생산 시스템이 개발되어 도입되면, 당신은 자신의 의지와 관계없이 거의 영구적으로 살 수 있게 될살 수 있게 만들어 줄 것입니다.

물론 살아 있다 하더라도 아무것도 느끼지도 못하고 생각할 수도 없지만, 여기에 신경에서 보내온 여러 신경 전달 물질이나 전기 신호를 보내면, 보통은 당신의 뇌 속에 있는 기억을 불러낼 수 있고, 그 추론 기능이 활성화하여 당신은 꿈을 꾸게 되고꾸게 하고, 그 속에서 기뻐하거나, 슬퍼하거나, 걱정하거나, 결의하게 만들 수 있습니다.

참 오싹한 이야기가 아닐 수 없네요. 지금까지는 신의 섭리에 따르거나, 본인이 스스로 제어할 수 있다고 생각했던 '당신의 모든 것'을 갑자기 정체 모를 사람이 제어하게 되는 상황에 놓이게 될지도 모르기 때문입니다.

인간의 사후 세계에 천국과 지옥이 있어서 착한 일을 하면 천국에 가고 나쁜 일을 하면 지옥에 떨어진다는 말이 있지만, 그 말을 실제로 믿는 사람은 그리 많지는 않을 것입니다. 그렇지만 미래에는 돈이 많은 사람들이 돈으로 천국을 사게 되는 날이 올지도 모릅니다.

현세가 재미없다고 느낀 어느 부자가 업자에게 부탁해서 살아 있는 동안에 자신의 뇌를 배양액에 넣고 거기에 도파민 등의 쾌락 물질을 계속해서 넣어 달라고 요청한 후, 계약 기간이 끝나면 전원을 끄고 뇌가 서서히 죽어갈 때까지 몇백 년에 걸쳐서 계속 행복한 꿈을 꾸게 만드는 일이 가능해질지도 모릅니다.

그러나 그 반대 상황도 있을 수 있습니다. 당신에게 깊은 원한을 품은 누군가가 당신을 죽이는 것이 아니라, 당신의 뇌를 배양액에 넣고 장기간에 걸쳐서 절대로 깨어날 수 없는 악몽을 끊임없이 꾸게 만들 수도 있겠죠. 이건 당신에게는 그야말로 지옥과 같은 일일 것입니다. 언제 끝날지 모르는 괴로움이 끊임없이 다가올 테니까요. 아마도 이런 내용을 보며, 앞으로는 무슨 일이 있어도 다른 사람에게 원한을 살만한 행동을 하지 말아야겠다는 생각이 드셨을 겁니다.

이런 이야기는 터무니없는 SF 소설 속 이야기라고만 생각하실지도 모르지만, 꼭 그렇지만도 않습니다. '나란 존재는 무엇인가?', '의식이란 무엇인가?'라는 극히 철학적인 질문에 관련되니, 깊이 있게 생각해 볼 필요가 있습니다.

■ 당신의 뇌를 복제할 수 있다

주제에서 꽤 벗어난 이야기를 하게 됐는데, 조금 전까지의 이야기는 어쨌든 AI와는 어떠한 관계도 없으며, 이 책의 주제와도 동떨어져 있으니 이쯤에서 본론으로 되돌아가 보도록 하겠습니다.

인간의 본질은 '뇌'이며, 뇌는 컴퓨터 메모리와 프로세서에 상응하는 기능이 내장된 세포 덩어리에 지나지 않는다고 한다면, '언젠가 뇌를 인공적으로 만들어 낼 수 있지 않을까?'라는 생각이 당연히 들수밖에 없을 것입니다.

그럼 당신의 뇌 작용을 상세히 기록해서, 다양한 방법으로 모의시험하고 일정한 법칙을 도출해 낸 후, 뇌와 똑같이 작동하는 인공 회로를 만들어 내서, 거기에 당신이 의식하는 기억메모리을 집어넣을 수 있다면 과연 어떻게 될까요? 이런 방법으로 당신의 뇌를 완벽하게 복제할 수 있게 되면, 당신은 그것을 '자신'이라고 인식하게 되진 않을까요?

육신을 가진 당신이 이따금 '어? 나 왜 여기에 있는 거지?'라고 생각하게 될 것이고, 당신의 복제된 뇌도 같은 생각을 하게 될 것입니다. 그렇게 된다면, 당신도 당신의 복제된 뇌도 근원적인 존재로는 완전히 같은 수준이 된다고 볼 수 있죠. 즉, 양쪽 모두를 '자신'이라는 주체로 똑같이 의식하게 될 것이 틀림없기 때문입니다.

여기에 생각을 더해 '인간은 사실 기억을 통해 자기 자신을 인식한다'라고 생각해 보면 어떨까요? 현재의 의식과 과거의 기억 사이에 정합성이 있다면, 인간은 그 기억을 자신의 의식으로 인식한다고 볼수 있는 것입니다.

만약에 그것이 맞는다면, 복제된 당신의 인공 뇌는 당신의 기억과 접속된 그 순간에 당신 자신이 될 것이며, 당신은 '아, 내가 이렇게 돼버렸구나!'라고 생각하게 될지도 모릅니다.

이렇듯 미래의 진화된 AI에 대해 생각할 때, 반드시 '인간이란 무엇인가?', '나는 왜 지금 여기에 있는가?'와 같은 철학적 명제에 대해 깊게 고민해 봐야 할 것입니다. 그래서 저는 AI와 싱귤래리티에 흥미가 있는 모든 분께 지금이라도 스스로 '철학'적인 고민을 해보시길 권해드리고 싶습니다.

AI와 로봇

현재 AI와 비슷하게 주목을 받는 것이 바로 '로봇'입니다. 어떨 때는 AI와 로봇을 완전히 동일시할 때도 있어서 약간 혼란스러울 수도 있는데, 본래 이 둘은 차원이 전혀 다릅니다.

■ AI와 로봇 모두 공장 제조 현장에서 실용화되기 시작했다

고도의 AI를 갖춘 로봇은 당연히 개발될 것으로 내다보고 있는데, 그 로봇에는 AI라는 두뇌에 눈, 코, 입, 귀, 팔다리 기능을 갖추게 될 것으로 예상합니다. 그러나 그런 외적인 기능이 전혀 필요하지 않은 AI도 있을 것이며, 반대로 고도의 AI가 필요하지 않은 로봇도 있을 것입니다.

그런데 AI라고 불리는 것들은 사실 새롭게 생긴 것이 아니라 훨씬 이전부터 우리 주변에서 사용됐습니다. 그 역사는 로봇과는 비교할 수 없을 정도로 오래되었죠 쉬운 예로는 주변이 어두워지면 가로등이 자동으로 켜지는 것도 AI라고 볼 수 있습니다.

원래는 사람이 '아, 깜깜해졌네'라고 생각한 후에 가로등을 켰었던 것을 센서가 어두움을 감지해서 자동으로 가로등을 켜는 것뿐이지만, 이는 명확히 인간의 판단과 행동이라는 능력을 대체했을 뿐만 아니라 '확충*'한 것이기도 하니, 요즘 회자되는 복잡한 AI와 본질적으로는 다르지 않다고 할 수 있습니다.

> * 인간은 가로등 켜는 것을 잊어버리기도 하고, 어둠을 사람마다 다르게 인식할 수 있지만, AI는 그렇게 될 일이 없으니 그런 능력 면에서는 '확충'된 것이라고 볼 수 있습니다.

AI는 오토메이션이라는 단어로 산업계에 알려지며, 점점 진화해 왔습니다. 예를 들어 공장의 생산 라인에서는 지금까지 공장 직원이 눈으로 보고 손을 움직여서 부품 등을 장착했지만, 최근에는 사람을 대신해서 기계가 그 일을 대체하게 되었습니다. 눈의 역할을 대체해서 판단하는 부분까지는 컴퓨터 작업이라고 하지만, 손을 대체하는 부분까지 포함하게 되면 우리는 이를 보통 '로봇'이라고 부릅니다.

더욱 주목해야 할 점은 이제는 인간의 손을 빌리지 않고도 이런 시스템 자체적으로 만들 수 있게 되었다는 점입니다. 설계자가 CAD/CAM 장치를 사용하여 최종 제품 도면을 그리면, 그것을 만드는 생산 라인의 조정 및 로봇 작업 프로그램의 작성까지 컴퓨터가 대체하게 된 사례도 있으며, 여기서 더 나아가서 생산 라인에 필요한 지그[2]와

---

2. 지그(Jig)는 공작물을 부착하거나 공작물에 부착해서 가공할 부분의 위치를 정하고, 동시에 가공을 안내하는 특수 공구를 말한다.

설계도 컴퓨터가 대체할 수 있게 될 것입니다.

그 전에 지금까지 생산 라인에서 인력을 가장 많이 동원했던 검사 공정은 원래 컴퓨터의 특기 분야이기도 한데, 여기에 정밀도 높은 센서가 더해진다면, 앞으로 이 작업 공정에 필요한 직원은 현격히 줄어들 것입니다. 현재 AI가 앞으로 인간의 직업을 점점 빼앗아 가는 것에 대해 쓸데없는 걱정이라고 주장하는 사람도 있지만, 인간은 이미 곳곳에 도입된 AI가 제어하는 제조 시스템을 통해 직업을 빼앗기고 있습니다.

▪ 휴머노이드는 당분간 '못다 이룬 사랑'에 머무를 것이다

AI를 도입한 로봇도 최근에는 큰 화제를 불러 모으고 있는데, 일반적으로 화제가 되는 것은 대부분 인간의 모습을 띠고 있거나 인간과 닮은 괴물의 모습을 한 로봇들입니다. 그런 로봇들이 아니면 만화나 애니메이션에도 등장하기 힘들기 때문입니다. 그리고 여기에 등장하는 로봇은 귀엽거나, 멋지거나, 이상하거나, 얄미워 보여야만 합니다.

로봇을 실제 비즈니스에 사용하려는 사람들도 어째서인지 휴머노이드humanoid라고 불리는 인간과 똑같은 얼굴과 신체를 가진 로봇에 집착하고 있습니다. 그런 외모를 갖추지 않으면, 로봇 같지 않다며 인기를 얻지 못하기 때문이겠죠. 그러나 머지않아 휴머노이드에 대한 '못다 이룬 사랑*'은 결실을 보기 힘들다는 사실을 깨닫고 사람들은 점점 실용적인 로봇에 관심을 두게 될 것입니다.

* 못다 이룬 사랑은 언젠가 이뤄질 수도 있지만, 예상했던 시간보다 오래 걸려서 이에 집착하다 보면 제풀에 꺾여 떨어져 나갈 수도 있습니다. 사랑을 체념해야 할 필요는 없지만, 잠시 뒤로 미뤄두고 생활의 기반을 다지고 지식을 늘려가야만 합니다.

AI가 싱귤래리티 수준에 도달하기 위해서는 방대한 메모리에 접속해야만 하는데, 작은 휴머노이드형 로봇으로는 애초부터 그 작업이 불가능합니다.

저는 예전부터 트랜지스터와 커패시터를 조합하는 것만으로는 인간의 뇌와 유사하게 구현할 수 없다고 생각했고, '오히려 생물학적으로 인간의 뇌세포와 유사한 것을 만들어 낸 후, 그것을 본격적으로 AI에 도입하면 수월하게 만들 수 있지 않을까?'라고 생각했었지만, 최근 클라우드의 엄청난 기술 발전을 보고 그 생각을 바꿨습니다.* 현재 또는 미래의 클라우드 수준이라면, 인간의 뇌가 보유할 수 있다고 알려진 방대한 메모리 용량을 훨씬 능가할 수 있을 것이기 때문입니다.

* 사실 생각을 바꾼 또 다른 이유가 있습니다. 이에 대해서는 다음 장에서 다시 말씀드릴 예정인데, 만약에 생물학적인 방법으로 AI를 만들어 내면, 이 AI는 만들어 냄과 동시에 제어할 수 없는 상태가 되어, 전혀 예측할 수 없는 '예상치 못했던 방향'으로 진화할 가능성이 있습니다. 그래서 저는 이것은 더없이 무서운 일이며, 절대 시도해서는 안 될 일이라고 생각하게 된 것입니다.

고도로 발전한 미래의 AI는 클라우드 그 자체가 되어, 형태마저 사라지게 될 것입니다.* 전 세계에 설치된 큰 용량의 서버가 하나의 몸으로 작동하며, 방대한 숫자의 전 세계 입·출력용 디바이스^{각종 로봇을} ^{포함}를 상시 지원하는 것이 제가 꿈꾸는 AI의 미래상입니다.

그리고 IoT는 이 서버에 상시 방대한 정보를 보내며, 거기에 축적된 방대한 메모리를 끊임없이 갱신하고 확대해 나가기 위한 '없어서는 안 될 시스템'이 될 것입니다.

* 그러나 AI를 구체적으로 만들기 위해, 일찍이 신의 언어를 전달하던 예언자처럼 사람의 모습을 한 아바타가 사람들의 호출에 따라 디스플레이상에 나타낼 수 있어야 합니다. 이를 로봇으로 만들고 싶은 사람도 있을지 모르지만, 그러면 비용이 너무 많이 들고, 언제 어디서든 요청에 따라 나타나기 어려워지게 될 것입니다.

로봇이 활약해야 할 곳

그러면 여기서 잠시 AI의 관련한 것은 잊고 로봇에 초점을 맞춰 볼까요?

현재 많은 로봇 관련 프로젝트에서 인간의 팔다리 부분을 개발하는 데에 돈과 시간을 너무 많이 사용하고 있는 것 같습니다. 로봇 개발은 본격적인 AI 개발을 진지하게 고려하기 훨씬 이전부터 주로 인간의 팔다리 동작을 모방하고 그를 대체할 목적으로 진행됐으니, 그것을 연결지어 개발하는 것이 당연할 수도 있지만, 꼭 그렇게까지 해야 하는지는 의문이 남습니다.

인간의 팔다리는 오랜 진화 과정에 걸쳐 지금의 형태가 된 것이며, 한편 지금까지 인간이 만들어온 도구는 그 팔다리를 통해 사용하는 것을 전제로 만들어 온 것입니다. 그런데 '인간+도구'를 대체하기 위해서 인간의 팔다리 동작을 모방해서 로봇을 만드는 것은 전혀 의미 없다고 생각합니다.

그러니 오락을 목적으로 만드는 것을 제외하고는 지금까지 로봇 개발에서 인간의 팔다리 기능을 도입하려는 생각은 접어 두고, 청소 로봇, 안마 로봇처럼 처음부터 목적에 따라 다른 형태의 로봇을 만들어야만 합니다. 그리고 그 목적에 가까워질수록 인간의 팔다리 형태보다 훨씬 효율적으로 움직일 수 있는 로봇을 분명히 개발할 수 있을 것입니다.

또, 로봇을 가장 먼저 사용해야 할 분야는 신기함을 어필하며 사람들을 끌어모으는 효과를 노리며 접객 등을 하는 서비스 분야보다, 인간이 하고 싶지 않은 힘들고 Difficult, 더럽고 Dirty, 위험한 Dangerous 3D 분야여야만 합니다. 이 분야에서 훨씬 더 긴급한 수요가 많기 때문입니다.

구체적으로 말하자면, '더러움' 분야에서는 청소나 쓰레기 처리, 하수 처리가 대표적이며, '위험도'가 높은 분야는 토목 건설 공사 현장 등이 있을 것입니다.

유럽이나 미국 등에서는 이런 작업을 할 사람이 없어서, 대부분 이민자가 이런 일들을 도맡아서 처리하고 있습니다. 그러나 처음에 직장을 갖는 것만으로도 기뻤던 이민자들도 문화가 다른 유럽과 미국의 도시 사회 속에서 사회의 낙오자처럼 열악한 환경에서 한데 모여 살아가며, 매일 백인들과의 격차를 느끼게 된다면 어떻게 될까요?

그로 인해 점차 불만이 쌓이게 될 것이며, 이것이 과격파 테러 조직의 온상이 되는 것은 막을 수 없을 것입니다. 이 악순환의 고리를 끊어 내기 위해서는 이 3D 분야를 이민자들에게만 의존해서는 안 되며, 이 분야에서 로봇이 큰 활약을 하게 만들어야 합니다.

또, 얼마 전 사고를 통해 알게 된 가장 위험한 장소로는 원자력 발전소가 있습니다. 평상시에는 다니기 좋은 직장일 수도 있지만, 만일 사고라도 발생한다면 최악의 아수라장으로 뒤바뀔 것입니다. 인간은 방사성 물질로 가득 차 있을지 모르는 사고 현장에 절대로 들어가서는 안 되므로, 로봇만이 그 사고 현장에서는 작업할 수 있습니다.

후쿠시마 원전 사고 당시 저는 이를 갈며 분개했습니다. 만약에 도쿄전력이 항상 최악의 사태를 생각하며 이럴 때를 대비해서 로봇을 개발하고 만반의 준비가 된 그 로봇을 신속히 현장에 보냈다면 어떻게 됐을까요? 이 로봇이 어두컴컴한 현장으로 투입되어 대량의 적외선 사진을 찍고, 계기판을 읽고, 방사성 물질이 누출되는 것도 측정했다면, 전 세계에서 일본을 '로봇 선진국'으로 극찬했을 것입니다.

▪ 미래의 전쟁터에서는 로봇이 주인공

동시에 잊어서는 안 될 것은 미래의 전쟁터에서는 반드시 로봇이 주력이 될 것이라는 점입니다. 누가 봐도 '전쟁터'가 가장 위험한 직장이기 때문이죠.

가장 먼저 전투기와 폭격기 대부분은 무인기가 될 것입니다.

현재 최신예 전투기의 조종사는 전투기 안에서 어떤 일을 처리할까요? 시각으로 파악한 적의 전투기의 모습과 계기판으로 파악한 모든 데이터를 통합해서 훈련을 통해 습득한 방법으로 해야 할 일을 판단하고, 다양한 기기를 조작한다고 합니다. 그런데 시각을 통해 입력 – 대뇌를 통한 판단 – 손으로 조작이라는 과정은 너무 기니, 인간이 개입하지 않고 컴퓨터가 모든 것을 스스로 완결시키면 훨씬 빠르게 수행할 수 있지 않을까요?

군인들이 전쟁터에서 직접 총격전을 펼치는 일도 곧 사라질 것입니다. 영화 등의 매체를 만드는 사람들에게는 아쉬운 소식일 수도 있지만, 지상전에서 인간과 인간의 형태를 띤 로봇은 총알에 맞을 확률이 높으므로 전쟁터에서 싸우기에는 매우 부적합합니다.

지상전에서는 더욱 꼼꼼하고 적군이 간파하기 어려운 판단을 내릴 수 있는 존재가 필요한데, 진화한 AI라면 그 정도는 충분히 뛰어넘을 수 있을 것입니다. 향후 지상전에서는 필시 땅을 스치듯이 나는 소형 드론과 같은 로봇이 주역이 될 것입니다.

어느 나라든 군수 산업에는 엄청나게 많은 개발비를 투자합니다. 일반 비즈니스의 경우, 연구 개발비는 항상 그 개발이 가져올 수입과 균형을 맞춰야 해서 제한이 꽤 까다로운 편이지만, 군수 산업은 비용 대비 효과의 계산이 일반 비즈니스와는 차원이 다릅니다. 따라서 당연한 이야기지만, AI나 로봇 개발도 군수 분야에서 가장 빠르게 진행할 수 있는 것입니다.

전쟁터에 가장 먼저 로봇을 투입하려고 했던 것은 미국일 것입니다. 그 이유는 첫째, 미국에는 방대한 군사 예산이 있기 때문입니다. 미국의 2015년 군사비 총액은 약 5,960억 달러로, 전 세계 전체 군사비의 1/3 이상을 차지합니다. 참고로 2위는 중국 2,150억 달러, 일본은 7위로 513억 달러입니다

둘째, 전쟁터에서의 사상자를 최대한 줄이고자* 하는 강한 욕구가 있기 때문입니다. 그렇게 하지 않으면, 전쟁터에 남편과 아들을 보내고 싶지 않은 여성들이 주도하는 여론을 잠재우며, 미국이 세계 경찰국 역할을 끊임없이 수행해야 하기 때문입니다.

그리고 셋째, 고성능 로봇을 제어하는 데 꼭 필요한 AI도 미국이 상당 부분 앞서 있다고 볼 수 있기 때문입니다.

미래 전쟁의 주도권을 쥐게 될 사이버 전쟁 분야도 AI의 활약 무대이지만, 이 분야 역시 미국이 가장 앞서 있습니다. 미국에 뒤를 잇는 나라는 중국, 러시아, 이스라엘, 여기에 NATO군에 의지하는 동유럽의 작은 나라인 에스토니아 정도입니다. 그에 비하면 현재 일본의 상황은 보잘것없는 수준이라고 할 수 있습니다.

* 그러나 아이러니하게도 미래의 군인은 아마 민간인 이상으로 안전이 보장된 직업이 될 것입니다. 전쟁터에서 로봇을 제어하는 장병들은 가장 안전하게 보호된 기지 내에 있지만, 민간인은 무방비한 상태에서 무차별 폭격과 테러에 위협을 느끼게 될 것이기 때문입니다.

■ 인간과 로봇의 공동 작업이 진행 단계의 첫걸음

그런데 어떤 분야든지 로봇을 사용하려 할 때, 먼저 인간과 로봇의 공동 작업을 염두에 두어야 합니다. 그것이 첫걸음이 되어, 한동안은 이 공동 작업이 일반적인 로봇 이용 방법으로 정착하게 될 것입니다. 따라서 로봇 보급은 앞서 말씀드린 싱귤래리티 실현보다는 훨씬 이른 시점에 실현할 수 있을 것으로 보입니다.

참고로 최근에는 자동차 자율 주행이 큰 화제가 되고 있는데, 현재 상황에서는 자동차 자율 주행이 기술자가 생각하는 최고의 모습과 아주 가까운 미래에 실현될 첫 단계_{인간과 AI가 공동 작업하는 단계}가 뒤섞여서 그리 대단하게 느껴지지 않게 되었습니다.

고속도로 전용 차선에서의 자율 주행이나 충돌 방지 시스템, 신속하게 운전자의 주의를 환기하는 시스템, 자동차 주차 시스템 등은 후자 쪽에 속하는데, 이들과 가장 안전한 무인화 사이에는 아주 커다란 간극이 있는 것 같습니다. 앞으로 말씀드릴 이유를 통해 완전한 자율 주행 자동차의 조기 실현에 대해서 저는 주로 매우 회의적인 의견을 갖고 있습니다.

AI의 향후 모습

기술자는 어떤 것이 가능한지만 고려하면 되지만, 사업가나 정치가는 그 앞을 내다볼 줄도 알아야 합니다. 그들은 앞서 말씀드린 자율 주행 자동차의 경우, 그것이 현실 사회에 어떠한 문제를 일으킬 가능성이 있는가?, 그 문제를 근절하기 위한 시스템을 만드는 데 드는 비용이 과연 자율 주행이 가져올 이점에 알맞은 수준으로 처리할 수 있는 것인가?까지도 고려해야만 합니다.

■ 직감에 의지하지 않고 모든 가능성을 검토하여 종합적으로 판단하는 AI

예를 들면, 길에 서 있는 아이가 갑자기 뛰어들 수 있는 위험성에 대해 생각해 봅시다. 자율 주행 시스템을 도입한 차는 시각 센서로 주변 상황을 파악하여 주변에 아이가 있는지 인식할 수 있습니다. 한편, 차에 탑재된 AI는 도로교통법이 어린이에 대한 특별 주의 의무에 관해서도 인식할 수 있습니다. 그렇다면 이런 상황에서는 속도를 얼마큼 줄여야 하는 걸까요?

아무리 주의해도 피할 수 없는 사고가 발생하곤 하는데, 이런 상황에서도 도로교통법은 가차 없이 운전자에게 책임을 물을 것입니다. 그렇게 되면 한 건의 사고로 인해 판매된 자율 주행 시스템이 전량 리콜되는 거대한 리스크를 회피하기 위해서 시스템 벤더는 극단적으로 안전율을 높인 기준을 채용할 수밖에 없습니다.

그렇게 되면 안전 운전을 매우 철저하게 지키는 수많은 자율 주행 자동차 때문에 많은 도로에서 엄청난 교통 체증이 발생하게 될 것입니다. 인간 사회에서 과연 그것을 용인할 수 있을까요?

이는 인간의 두뇌만으로는 결론을 내리기 어려운 문제이므로, 판단을 내려야 할 사람이 자신을 보호하기 위해 '과잉 안전성'을 추구하게 될 수밖에 없습니다. 따라서 이런 문제에 대해서는 고도로 진화한 미래 AI의 힘을 빌려서 결론을 내게 만들어야만 합니다. AI는 목적만 명확히 해주면 어떤 잡념에도 꾀이지 않고, 망설임 없이 목표를 향해 갈 것이기 때문입니다.

이는 창의 및 연구가 필요한 기술 개발이나 서비스 기획 면에서도 마찬가지입니다. 기술자는 아무래도 훌륭할 정도로 정합성이 잡힌 기술을 고집하게 될 것입니다. 또, 우수한 사업가와 기술자일수록 자신이 처음에 느낀 직감을 끝까지 버리지 못하곤 하지만, AI는 그것이 목적에 맞지 않는 것이라면 어떤 것이든 가차 없이 버릴 수 있습니다.

직감도 중요하지만, 그것은 많은 아이디어와 가설 중 하나에 지나지 않으며, 그 이상도 그 이하도 아니라는 것을 AI는 알고 있는 것입니다. 천재의 직감은 성공률을 높일 수 있지만, 초고속으로 모든 가설을 우직하게 검토하는데 힘쓰는 AI에게는 사각지대가 존재하지 않습니다. 아무리 직감 능력이 뛰어나더라도 상대가 백 배의 수를 단기간에 처리할 수 있다면 천재조차 이겨낼 도리가 없을 것입니다.

지금까지 AI와 로봇이 인간보다 뛰어난 부분을 말할 때는 첫 번째로 속도, 두 번째로 일의 내용에 대해 불만을 말하지도 않고, 지치거나 질리지도 않으며, 24시간 쉬지 않고 일할 수 있다는 점을 언급하곤 했습니다.

그러나 핵심은 세 번째에 있습니다. 그것은 일반적인 사람이 쉽게 벗어날 수 없는 선입관, 편견, 편파성, 동정, 집착, 딜레마, 방황, 자기보호, 질투, 자기 과시욕이라는 인간적인 약점에서 자유롭다는 것입니다.

📎 의사와 변호사와 AI

따라서 AI는 매뉴얼대로 일하는 간단한 업무보다는 오히려 고도의 지식과 판단력이 필요한 직종에 더 적합하다고 볼 수 있습니다. 의사와 변호사처럼 전문직이나 기업 관리직, 경영자, 더 나아가서 정치가와 경제 정책 입안자 업무는 앞으로 AI로 대체될 가능성이 있습니다.

그렇다면 그 전문직종 중에서 의사는 어떤 업무를 처리할까요? 환자를 자세히 관찰하고, 문진하며, 최신 의료 기기와 약품으로 다양한 검사를 시행하고, 그 결과를 자신의 머릿속에 있는 지식_{학교에서 배운 것이나 지금까지 진단 경험을 통해 배운 것}과 조합하여 어떻게 처치해야 할지 결정합니다. 처치란 생활 지도와 약물 처방 그리고 외과적 처치를 말합니다.

AI는 이 모든 것을 그 어떤 베테랑 의사보다도 잘 처치할 수 있을 것입니다. AI는 지식과 정보량이 전 세계 모든 의사의 지식을 합친 것에 필적할 수 있는 수준이며, 또한 절대로 간과하는 일이 없기 때문입니다. 외과 수술도 다양하고 정밀한 로봇이 개발되면, 그 어떤 수술의 명인보다도 잘할 수 있게 될 것입니다. 인간의 눈으로는 식별할 수 없는 부분까지 식별해 내고, 1미크론의 오차도 없이 수술 부위를 자르거나 피할 수 있기 때문입니다.

변호사도 마찬가지입니다. 미국 법정 드라마 등을 보면 알 수 있지만, 변호사의 일은 온갖 관련 법률과 과거 판례를 숙지하고 이를 자유자재로 적용하여 변론하는 것입니다. 유능한 변호사일수록 정보량이 많으며, 그중에서 사용할 만한 내용을 찾아내서 체계적으로 변론할 수 있습니다.

그러나 이런 유능한 변호사조차 전 세계의 모든 법률과 지금까지의 모든 판례를 빠짐없이 기억하며, 그중에서 사용할 만한 것을 초 단위로 골라낼 수 있는 능력을 갖춘 AI에는 상대가 될 수 없겠죠.

그뿐만이 아니라 인간의 심리를 완전히 이해한 AI는 배심원의 마음을 사로잡을 변론 방법을 도출해 낼 수 있다는 점에서도 대단한 능력을 발휘할 것입니다. 물론 로봇이 법정에 설 필요 없이 인간 변호사와 짝을 지어 업무를 처리하면 됩니다. 그에 대해 인간이 AI를 사용하여 일한다라고도 할 수 있고, AI가 인간을 사용해서 일한다라고도 할 수 있을 것입니다.

◼️ AI가 자신 있는 분야, 정치와 경제

지금까지는 전문직 관련 이야기를 해봤습니다만, 정치, 경제, 비즈니스 분야에서의 수준 높은 업무에 대해서도 앞선 이야기와 비슷하다고 볼 수 있습니다. 가장 적합한 경제 모델 정책과 민의의 최대 공약수 파악이라는 정치·경제의 중요한 과제도 AI가 수행하면 업무의 질을 현격히 높일 수 있고, 신속하게 처리할 수 있습니다.

현실적인 문제로는 민주주의 실현에 AI의 도움이 꼭 필요할지도 모르겠습니다. 민주주의 목표는 최대 다수의 최대 행복인데, 이를 위해 필요한 정책과 수많은 선택지 속에서 산출하며, 모든 사람을 이해시키기는 매우 힘든 일이라 거의 불가능에 가깝다 할 수 있기 때문입니다.

우수한 정치가가 아무리 공정한 판단을 한다 하더라도 자신의 욕구를 충족하지 못한 사람들은 이것은 자의적인 결정이니 공정하지 않다라며 필시 항의하게 될 것입니다. 그러나 수많은 실적을 통해 AI에게는 사심이 존재하지 않는다고 일반적으로 인식하게 되는 상황이 온다면, AI가 가장 적합하다고 판단한 시책에 대해서 그 누구도 반대 의견을 제시하기는 힘들 것입니다.

또한, 현재 많은 사람이 정치가는 선거에 이기기 위해 포퓰리즘에 빠지고 장기적인 이익에는 아무도 신경 쓰지 않으며, 결론적으로 민주주의 체제에 있는 사람들은 끊임없이 잘못된 정치적 선택을 한다는 점에 대해 느끼고 있지는 않을까요?

저는 이처럼 민주주의가 항상 안고 있는 최대 난제에 대해서도 어쩌면 AI가 유일한 해결책이 되지 않을까 생각해 봅니다. 그 이유는 이외의 해결책을 어디에서도 찾아볼 수 없기 때문입니다. 이에 관해서는 이 책 제2장의 마지막 단락과 제4장 뒷부분에서 더욱 상세히 말씀드리겠습니다.

■ 자기학습의 대상을 끊임없이 넓혀 간다

최근 AI가 많은 사람에게 화제가 되기 시작한 것은 'AI가 바둑 명인을 제패했다'라는 뉴스가 결국 큰 영향을 줬다고 볼 수 있습니다. 그전까지만 해도 장기나 체스 명인이 AI에 패배했던 적은 있었지만, 그에 비교해 읽어 내야 하는 수가 현격히 많은 바둑은 AI가 '자기학습' 능력을 갖춘 인간을 상대로는 아직 이길 수 없을 것으로 모두가 예상했습니다. 그런데 그 예상을 보란 듯이 뒤엎었으니 큰 화제를 불러일으킬 수밖에 없었죠.

이는 AI가 딥러닝 심층학습 이라고 불리는 수준까지 자기학습 능력을 끌어올렸기 때문입니다. 자기학습도 앞서 말씀드린 방대한 메모리 속에서 일정한 법칙을 찾아내서 가설 검증을 반복하는 능력 중 하나입니다. 성립된 가설의 수가 축적되어 가면, 이를 상호로 연결하여 자기학습 능력은 더욱 빠르게 향상하게 됩니다.

또, AI는 인간과는 달라서 피곤해하거나 싫증을 느끼지 않으며, 일단 기억한 것은 절대 잊어버리지 않으니 언제라도 그것들을 정확하게 참조할 수 있어서 어떤 천재라도 속수무책으로 당하는 것이 어찌 보면 당연한 일일지도 모릅니다.

AI는 인간의 뇌가 가진 능력과 뇌 기능의 전부 또는 대부분을 대체하고 확충하는 것이 목표입니다. 그렇다면 앞서 말씀드렸듯이 그 활약 분야는 연구실이나 생산 현장을 뛰어넘어 마케팅과 재무를 포함한 경영 중추를 차지하고, 여기에 경제학의 중핵에 파고들어 사법이나 행정 전반에도 폭넓게 사용하는 것이 자연스러운 절차가 될 것입니다.

그러나 AI는 머지않아 어쩌면 이를 뛰어넘는 존재가 될지도 모릅니다. 과학 기술의 저편에 있는 인간의 마지막 요새, 철학과 종교 세계마저 파고들려고 할지도 모릅니다. 싱귤래리티를 실현하는 시대, 즉 AI가 인간의 뇌 기능 대부분을 대체하는 시대에는 당연히 그렇게 되지는 않을까요?

참고로 그 부분이 바로 제가 이 책을 쓰게 된 계기가 되었습니다.

인간은 AI와 어떻게 마주해야 하는가?

농업과 목축업은 권력자리더가 나타나 나라를 만든 시점에서 인간 사회를 근본적으로 바꿔 놓았습니다.

또한, 산업혁명은 서방 국가들의 제국주의적인 식민지 획득 경쟁을 불러일으켰고, 세계의 판도를 뒤바꿔 놓았습니다. 한때는 한 나라의 영웅이 탄생했던 전쟁이 끝없는 신무기 개발로 인해 국가 간의 대량 무차별 살육의 연쇄라는 흉악하고 비참한 것으로 의미가 퇴색되어버렸습니다.

그러나 컴퓨터와 고속 데이터 통신 분야에서의 기술 혁신이 가져올 제2의 산업혁명이 인간 사회에 가져올 변화는 아직 시작 단계이며, 그 미래상에 대해서는 아직 충분히 예측하지 못한 상태입니다.

■ 제1차, 제2차 산업혁명으로 일어난 일

한때 많은 사람이 '기계가 인간의 일자리를 빼앗아 갈 것이다'라고 생각하여 전전긍긍했었지만, 막상 뚜껑을 열어 보니 오히려 일자리가 더 늘어났습니다. 예를 들면 19세기 영국에서는 자동직기의 도입으로 일정량의 직물을 엮는 데는 사람의 일손이 대폭 줄어들었지만, 이렇게 만든 직물이 전 세계로 수출하게 되며 일이 줄기는커녕 오히려 늘어났습니다.

더구나 약간 더 많은 수입을 받게 된 직물공장 노동자들은 각자 약간 더 사치스러운 소비자가 되어 홍차나 설탕*, 도자기 등을 사들이게 되었습니다. 그 결과 이런 물건을 수입하는 일자리가 생겨났으며, 그에 따라 직장도 늘어났습니다.

> * 원래는 공장 직원들이 오후 3시가 지날 때쯤에 피로감으로 인해 업무 처리 능률이 떨어진다는 것을 알게 된 공장 경영자들이 그 시간대에 휴식 시간을 만들고, 직원들에게 설탕을 넣은 홍차를 마시게 하여 능률을 다시 높이려는 노력에서 시작되었다고 합니다.

이렇게 자본주의 체제에서의 번영경제 성장의 도식은 계급 대립에서 발생하는 다양한 알력과 경기 변동을 일으키는 심각한 사회적 불안이라는 커다란 문제가 발생하는 도중에 힘겹게 실현한 것입니다.

컴퓨터의 도입은 지금 이 연장선에 있습니다. 기계화가 인간의 근력과 손을 대체하고, 컴퓨터는 계산이나 표를 만드는 데 사용하는 등 인간의 뇌 작용을 대체하게 되는데, 한때 이에 대해서도 기계가 일자리를 빼앗아 갈 것에 대해 우려했지만, 실제로는 기우에 그쳤다라고 볼 수 있습니다.

완성된 방식에 따라 단순히 계산하는 것이 아니라, 그 방식을 만드는 데에 인간의 뇌를 사용하게 되면서 전체 업무량이 확실히 늘어났습니다.

그러나 과연 이 상황이 언제까지고 계속 이어질까요?

■ 선진국과 개발도상국 양쪽에서 안고 가야 할 문제

시장이 커지면 업무량은 늘어나게 되어 있습니다. 예전에는 식량을 구할 수 있느냐가 가장 큰 문제였지만, 그 문제가 해결된 요즘은 먹는 것보단 질 좋은 집과 옷을 갖고 싶어 하며, 가전제품처럼 내구소비재를 원하는 선순환이 지금까지 거의 끊임없이 이어져 오고 있습니다.

그러나 현시점에서는 여러 선진국에서 이미 그것이 한계점에 도달했다고 보고 있으며, 많은 사람 사이에 소비하는 것에 지쳤다는 생각이 일파만파 퍼지기 시작했습니다.

어디에 있어도 무엇을 하더라도 마치 강요당하듯이 광고의 홍수에 떠밀리다 보니 '나는 내 방식대로 편안하게 살 테니까 이제 날 좀 내버려 둬'라고 생각하는 사람들이 나날이 늘어나고 있다고 느끼는 건 나뿐만이 아닐 겁니다. 사람들은 이제 물리적인 풍족함보다는 정신적인 만족을 원하는 사람이 많아졌습니다.

한편, 개발도상국에서는 지금까지 여러 선진국에서 일어났던 똑같은 패턴의 경제 성장이 한동안 계속될 것으로 내다보고 있습니다. 그러나 이러한 경제 성장이 노동 시장에서 처리할 수 없을 정도로 많은 양의 잠재 노동력을 만들어 내는 것은 아닌지 우려가 됩니다.

지금까지의 세계 역사에서는 빈약한 식량 생산 능력과 효율적인 보건·의료 시스템의 부재가 인구가 늘어 가는 것을 억제해 왔습니다. 그러나 인류 전체가 식량 생산 능력이 확대하고 보건·의료 시스템도 서서히 확충된 현시점에서는 아프리카와 남아시아에서 사상 초유의 인구 폭발이 예측되고 있습니다.

이렇게 탄생한 새로운 인구층은 그대로 소비 사회에 편입되어 최소한의 욕구를 충족하기 위해 최소한의 수입으로 버텨야 하는 새로운 빈곤층이 급속도로 확대될 것입니다.

이에 떠밀렸던 이전까지의 빈곤층은 조금이라도 더 많은 수입을 얻기 위해 일자리를 찾겠지만, 일자리를 구하기는 쉽지 않을 것입니다. 그렇게 되면 전 세계적으로 실업률 증가가 진행되고, 빈부 격차가 확대되며, 안정된 사회 기반을 유지하기 점점 더 힘들어질 것입니다.

분노가 쌓인 민중은 정치적 변화를 원하게 될 것이며, 그것이 불가능하다는 것을 알게 되면 테러를 일으키는 절망적인 상황에 닥치게 될 것입니다. 그 공격은 당연히 각지의 권력자와 그들이 결탁한 여러 선진국을 향하게 될 것입니다.

🔳 인간이 우위에 있는 분야는 축소될 것이다

그러나 그보다 더 큰 문제는 노동의 질입니다. 지금까지는 단순 노동은 점점 기계화하더라도, 그보다 우위에 있는 고급 노동력이 필요한 시장이 존재했습니다. 그러나 그 구도마저 위태로워지고 있습니다. 전형적인 예가 바로 두뇌 노동입니다.

지금까지는 '이런 일은 컴퓨터에 맡길 수 없지'라고 생각했던 일이 꽤 많았지만, 그것은 컴퓨터에 유연한 대응 능력과 학습 능력이 없어서 인간의 능력을 넘지 못했기 때문입니다. 그러나 지금의 기세라면 AI의 능력이 점점 높아져서, AI가 다양한 업무에서 월등히 일 처리를 하게 되어 인간이 처리할 일이 점점 줄어들게 될 것입니다.

그렇게 되면 인간의 노동력은 어디에 써야 하는 걸까요? 어딘가에 인간만이 할 수 있는 일이 남긴 할까요?

극단적으로 이야기를 하자면, 시인^{작사가}마저도 일자리를 뺏길 위험이 있습니다.

지금까지는 작곡가가 능력 있는 작사가에게 부탁해서 ^{때에 따라서는 통사정을 해서} 자신이 만든 곡의 가사를 받아 내곤 했는데, 앞으로는 이런 내용을 담은 이런 느낌의 가사를 만들어 달라고 AI에게 요구하면 AI는 요청받은 '정서'와 '감정'을 표현하는 단어를 골라서 배치해 가면서 운율에 맞춰 기승전결을 구성하여 수십 개의 가사 내용을 만들어서 실제 곡에 맞춰 가사를 읊어 낼 것입니다. 작곡가는 그중에서 마음에 든 것을 골라서 주문하여 곡을 완성하면 되는 것이죠.

작곡가 지망생들도 안심할 순 없습니다. 이미 이름을 알린 작곡가가 많은 곡을 양산할 수 있게 되기 때문입니다. 그들은 적당한 테마를 정해서 기본적인 멜로디를 붙인 후, 주요 파트를 홍얼거리며 녹음하면 그걸로 작곡을 완성할 수 있을 것입니다. 그 이후 작업은 AI가 그것을 가지고 적당히 가공하고 화음을 붙여서 곡을 화려하게 만들어 줄 배경음을 더해 곡을 만들어 낼 것입니다. 성능이 뛰어난 AI라면 여러 시험적인 변주곡마저도 제안할지 모릅니다. 이렇게 되면 신인 작곡가에게는 좀처럼 일이 들어오지 않게 될 것입니다.

해결하기 힘든 문제입니다. 지금까지는 기계와 컴퓨터에 이길 수 없는 부분은 하나둘씩 인정하고 포기하며, 업무 대상을 절대 지지 않는 분야로 바꿔 왔던 인간은 AI를 대상으로 '절대 지지 않는 분야'를 점점 찾기 힘들어지게 될 것이기 때문입니다.

◼️ 파탄을 방지하기 위해서는 강한 의지로 '가능성'을 내걸 수밖에 없다

이렇게 되면 시장 원리를 토대로 발전해 온 지금까지의 자본주의 체제 자체가 위기에 빠질 수 있습니다. 거리에 실업자가 흘러넘칠 정도가 되면, 어느새 자본주의 체제를 유지할 수 없게 되기 때문입니다. 그러면 그에 대체할 수 있는 경제 체제에는 어떤 것들이 있고, 어떤 경제 체제라면 실업자가 많이 생겨나지 않게 될까요?

현시점에서도 이미 일부 학자들은 빅뱅 이론을 주장한 스티븐 호킹 박사도 그중 한 사람입니다 AI는 반드시 인류를 멸망시킬 것이라고 주장하곤 합니다. 여기에는 여러 의견이 있는데, 예를 들면 앞서 말씀드린 실업자 증가가 시발점이 될 가능성이 크다고 볼 수 있습니다. 그리고 그렇게 됐을 때, 다음과 같이 SF에 가까운 시나리오가 전개될 수도 있습니다.

정치인이 실업 문제의 해결책을 AI에게 위탁하게 되고, 그 AI가 '인구를 줄이는 것만이 해결책이다'라는 결론을 도출하게 되면, 이를 실행하기 위해 인간을 대량으로 안락사시킬 생각에까지 도달하게 될 것입니다. 그런데 이를 눈치챈 인간들은 '그것이 논리적으로는 옳은 일인지는 모르지만, 인간으로서는 용서할 수 없는 일'이라고 판단하게 될 것이며, AI로부터 권한을 뺏는 것도 모자라 AI의 존재 자체를 말살시키려고 할 것입니다. 그러나 이 시대의 AI는 자신의 존재를 지키는 데 필요하다면 무엇이든 한다는 기본적인 '의지'가 이미 주입되어 있어서, 결국 AI는 인간을 '위험한 존재'로 인식하게 되고, 인간을 무력화할 방법을 찾아낼 것입니다.

하지만 저는 싱귤래리티에 도달한 AI가 만들어 낸 미래를 전혀 비관적으로 생각하지 않으며, 오히려 단점겉에서 보이는 필연성 보다도 항상 이점가능성을 많이 보려고 노력하고 있습니다.

그리고 무엇보다도 AI로부터 도망치거나 이를 말살시키는 일은 절대 일어나지 않을 것입니다. 그 이유는 단순합니다. 이점을 활용하려는 사람들이 없어지면 결국 AI의 단점만이 남게 될 것이며, 그 단점을 봉인할 수 있는 능력을 갖춘 사람은 그 어디에도 존재하지 않을 것이기 때문입니다.

어떤 위험한 과학 기술이라도 그것으로부터 도망치려 해선 안 됩니다. 그렇게 되면 나쁜 의도를 가진 사람들이 그 기술을 독점하려 할 것이기 때문입니다. 그러면 우리가 그 사실을 언젠가 알아차려 저항하려고 해도 이미 때는 늦었고, 우리의 의지에 반하는 그 악인들의 지배 속에서 살아야 한다는 것을 결국 받아들여야만 할 것입니다.

이는 핵 기술과 유전자 조작 기술에도 해당하는 이야기입니다. 기술 개발의 필연성을 피할 수 없다면, 그 이용 방법을 제어하는 가능성으로 그것을 뛰어넘어야만 합니다.

기술 개발 초기 단계에서는 온갖 종류의 실패와 철저하지 못한 관리를 피하기는 힘들 것입니다. 그 때문에 예상치 못한 일이 연이어 발생할 것이며, 그것이 프로젝트 전체를 파멸시키는 것뿐만 아니라, 전혀 관련 없는 사람들의 생활마저도 무너뜨리게 될 것입니다.

이를 방지하기 위해서는 결코 어중간한 상태로 방치해서는 안 되며, 완성할 때까지 전력을 다해 목적을 달성할 수 있는 강한 의지를 항상 견지하는 것이 가장 중요합니다.

07

싱귤래리티에 도달한 후의 세계

이제는 좀 더 넓은 시야에서 AI를 생각해 볼 필요가 있습니다. 앞으로 들려드릴 이야기는 상당히 SF 같은 내용이지만, 꼭 들어 주셨으면 합니다.

먼저 아래와 같은 의문점에 대해 대답해 보도록 하겠습니다.

'이렇게 광대한 우주 속에서 별들은 지구상의 모래알만큼이나 많으므로 지적 생물이 존재할 수 있는 별은 최소한 수천만을 넘을 것이며, 그 진화 과정이 지구상의 인간보다 선행된 케이스도 수백만을 넘을 것입니다. 그렇다면 그런 다수의 지적 생물은 당연히 이미 싱귤래리티에 도달하지 않았을까요?'

그리고 그 의문은 아래와 같은 또 다른 의문을 낳게 될 것입니다.

'싱귤래리티에 도달한 AI는 현재 인간을 훨씬 뛰어넘는 지성을 갖추고 있으므로, 그들은 자신들이 태어난 행성을 떠나 다른 지적 생물이 만들어 낸 AI와의 교류에 관심을 보이며 우주 속을 누비고 있는 것은 아닐까?'

위와 같은 내용은 당연히 의문으로 남을 수밖에 없을 것입니다. 그리고 단적으로 말하자면 이 의문에 대한 두 가지 답이 있다고 생각하는데, 하나는 YES, 또 다른 하나는 NO입니다.

■ 그 전에 인류가 멸망할 것이니 '싱귤래리티는 실현되지 않은 것'이라는 비관론

NO라고 생각하는 근거는 모든 지적 생물은 어쩌면 지구에 사는 인간과 비슷할 것이며, 그렇다고 한다면 실제로 싱귤래리티를 실현하기 전에 스스로 만들어 낸 흉악한 기술에 자멸하게 될 가능성이 있다는 비관적인 생각 때문입니다. 이 말을 바꿔 말하면, 기술 개발이 그 기술을 구사할 수 있는 현명함보다 항상 한발 앞서 실현된다는 저항할 수 없는 테제[3]에 근거한 생각이라 할 수 있습니다.

AI가 아직 초보적인 단계에 머물러 있는 현재에도 인간은 이미 원자력과 유전자 변환 기술이라는 가공할 만한 기술을 개발하고 있습니다. 나가사키대학의 조사에 따르면, 2016년 6월 기준으로 전 세계에서는 1만 5,000개 이상의 핵탄두가 존재한다고 합니다. 어떤 세력에 의해 이것이 사용된다면 지구상의 인류 대부분이 죽게 될 것입니다. 실제로 한때 미국과 소련 간의 쿠바 미사일 위기 때, 이에 상당히 근접한 상황이 연출되기도 했었습니다.

---

3. '하나의 계기'를 뜻하는 헤겔 철학의 용어로, 정립이라 번역되는 말. 논리를 전개하기 위한 최초의 명제 또는 사물 발전의 최초의 단계.

더구나 현시점에서는 핵무기를 만들 수 있는 기술적, 재무적 장벽의 높이가 점점 낮아지고 있습니다. 그 말은 한때 미국과 소련과 같은 강대국 정치 지도자보다 생각의 질적 수준이 낮은 사람의 손에 이 흉악한 핵무기가 넘어갈 가능성이 커졌다는 뜻입니다.

자신의 비뚤어진 신념이나 단순히 정신적인 우울증으로 인해 죄 없는 사람들을 향해 갑자기 자동 소총을 난사하는 사람들이 끊이지 않게 될 것이며, 이런 사람들에게 핵무기가 넘어간다면, 그리고 그 사람들이 겉으론 아닌 척하며 뒤에서는 '핵무기를 사용한 것은 그 나라다'라며 안 좋은 소문을 퍼뜨리며 악행을 저지른다면, 인류는 아주 단순하고 우발적인 문제로 인해 세계 수준의 핵전쟁에 휘말리게 될 것입니다.

또, 더 무서운 것은 바이러스입니다. 원래는 의료 목적으로 개발한 신종 바이러스도 일부 과학자들의 만족할 줄 모르는 탐구심이 예상치 못한 방향으로 확대돼서, 결국에는 '어느 환경에서도 살아남으며, 쉽게 사람에게 전염되고 항체를 엄청난 속도로 확산하고, 거기에 독성이 극도로 강한' 흉악한 신종 인공 바이러스가 생겨날지도 모릅니다.

이 바이러스를 예상치 못한 실수로 유출되기라도 한다면 그걸로 모든 게 끝난다고 볼 수 있습니다. 사람을 통해 순식간에 전 세계로 확산하는 이 바이러스는 단시간 내에 인류를 단 한 명도 남기지 않고 말살시킬 것입니다.

▪ 제1의 낙관론 - 인류가 스스로 만들어 낸 AI를 통한 구제

그러면 답이 YES일 경우에는 어떤 일이 벌어질까요? 그것은 이런 대참사가 일어나기 전에 AI가 이미 싱귤래리티에 도달하여 지구상의 지적 생물, 즉 인류를 완전히 제어하여 이런 대참사를 방지한다는 시나리오입니다.

인류가 만들어 낸 종교에 대해서는 다음 장에서 자세히 말씀드릴 예정인데, 한때 인간의 지능을 뛰어넘으며, 자신들의 생활을 좌우하는 자연 현상을 신으로 여겼던 것처럼 인간은 인간의 지능을 뛰어넘으며, 자신들의 생활을 좌우하는 AI를 신처럼 여기는 것에 대해 크게 거부감을 느끼지 않을지도 모릅니다.

그 이전 단계에서도 인간은 '모든 것을 신에게 맡기는 것이 가장 안전하다'라고 생각하는 현명함_{또는 습성이라 불러야 할지도 모르겠네요}을 지니고 있으므로, 'AI에게 맡기는 것이 가장 안전하다'라고 생각하는 것에도 큰 스트레스를 받지 않을지도 모릅니다. 그렇게 되면 그 시점에서 AI는 인간의 새로운 신이 되는 것입니다.

한편, AI는 인류를 멸망시키려고는 하지 않을 것입니다. 왜냐하면, 굳이 인류를 멸망시킬 이유가 없으니 그런 선택을 할 가능성이 매우 낮기 때문입니다.

현재 인간은 어째서인지 멸종 위기에 처한 생물을 필사적으로 지키려고 합니다. 쓸데없는 참견이라는 생각이 들 정도로 인공적으로 그들의 번식을 돕기까지 합니다. 그 이유를 추측하기는 힘들지만, AI도 아마 인간과 같은 결론에 도달할 것으로 내다보고 있습니다. 아니, AI는 원래 인간이 만든 것이니 그렇게 프로그램을 만들어 놓는 것도 가능하겠죠.

이렇게 해서 인류는 AI 덕분에 훌륭한 양치기에게 인도받은 길 잃은 어린 양처럼 이 세계에서 언제까지나 평화롭게 살 수 있을 것입니다. 이것을 기쁜 일이라고 생각할지, 씁쓸한 일이라고 생각할지는 사람에 따라 다르겠지만, 저는 이것이 인류에게 최선의 시나리오가 될 것으로 생각합니다.

SF 영화 등에서는 개성 있는 인간 몇 명이 길든 가축처럼 행복에 겨워 사는 삶에 염증을 느껴 예전처럼 자유롭고 활발하며 모험심에 가득 찬 인간을 받아들일 수 있는 사회를 만들기 위해 반란을 일으키는 모습이 자주 등장하곤 합니다.

그러나 그런 반란을 쉽게 허용할 정도로 AI는 단순하지 않으며, 만약에 그런 반란이 국지적으로 성공한다고 하더라도 그 시대에 존재하는 시스템을 토대로 새로운 질서를 구축하는 어려운 미션을 뛰어넘을 수 있는 능력을 그 반란의 지도자들이 꼭 갖추고 있으리라는 보장도 없습니다.

인간은 AI가 인간을 위해 만들어 준 사회를 일종의 세이프티 넷 safety net 으로 인식해야 하며, 더불어 개성 있고 모험심에 심취한 사람들이 활동할 수 있는 시스템을 고안해야 할 것입니다. 인간은 기본적인 틀만 고안해 낸 후, 그것을 만들기 위한 구체적인 시스템 구축은 AI에게 맡기면 됩니다 그렇게 하는 것이 훨씬 현실적이라고 봅니다.

🐑 싱귤래리티 실현 이후의 경제 시스템

그러면 이 어린 양의 경제생활은 어떻게 바뀔까요? 제 생각에는 아마 AI는 한때 인간이 만들어 낸 공산주의를 이상적인 모습으로 재검토하여, 이를 답습하게 되지 않을까 싶습니다.

현재 고도화된 AI 시대를 논하는 학자들은 '기본소득'이라는 단어를 활발히 사용하고 있습니다. 이는 AI에게 일자리를 빼앗겨 수입이 없어진 인간들을 위해 사회가 어떤 구제 조치를 취해서 최소한의 생활을 보장해야만 한다는 취지를 뜻하는 말입니다.

그러나 저는 그런 것으로는 중간 경과 정도는 대응할 수 있어도 최종적인 해결책이 될 수는 없다고 봅니다. 그렇다면 싱귤래리티 시대에는 역시 철저한 공산주의 사회의 구축만이 해답이 될까요?

공산주의 이념은 사람은 능력에 맞게 일하며, 필요한 만큼 받는 것이 목표입니다. 사회주의의 경우, '일한 만큼 받는 것'이 목표이므로, 공산주의의 직전 단계라고 볼 수 있습니다

제가 할 수 있는 일이 있고 그것을 고생하지 않고 할 수 있다면, 이보다 더 좋은 일은 없을 것이며, 어차피 필요한 만큼 받을 수 있는 것이니, 생활에 대해 아무런 걱정도 할 필요가 없습니다. 이것이 바로 모든 사람에게 이상 사회가 될 것입니다.

아쉽게도 현실의 공산주의 사회는 이 이념을 실현하지 못한 채, 정반대의 사회를 만들어 내고야 말았습니다. 그것은 첫째로 모든 사람에게 필요한 모든 것을 줄 정도로 막강한 경제력을 갖추지 못했기 그런 것은 처음부터 불가능했기 때문이며, 둘째로 권력을 가진 지도자들이 이런 이

넘을 금세 잊고는 사람들을 무리해서라도 일을 하게 만들어서 자신들만 필요한 것을 차지하려고만 했기 때문입니다.

그러나 AI라면 어떨까요? AI는 철저하게 합리화된 생산 체제를 만들 수 있으니 경제력은 눈에 띄게 강화될 것이며, AI는 그 어떠한 욕망도 없으므로 철저하고 우직하게 이상을 추구해 갈 것입니다. 이렇게 되면 어쩌면 인간이 처음에 의도했던 공산주의 이념을 거의 실현할 수 있게 될지도 모릅니다.

▪ 제2의 낙관론 – 우주로 날아오른 AI를 통한 구제

만능에 가까운 존재인 AI는 자신을 억제하는 프로그램이 심어져 있지 않은 한, 분명히 강경한 자기·의지와 왕성한 성장^{확대} 의욕을 지니고 있을 것이므로, 머지않아 자신이 태어난 행성을 떠나 광대한 우주를 향해 여행을 떠나게 될 것입니다.

그리고 그들_{AI}은 인간 등의 지적 생물과 달리 생물학적인 약점이 없으므로, 우주에서 풍부하게 얻을 수 있는 광물 자원으로 자신을 재생산하면서 빛 에너지 등을 통해 무한히 생존해 나갈 수 있을 것입니다.

이미 몇억 년보다 훨씬 전에 이 우주 속에 있는 몇조 개의 행성에서 생겨난 몇 종류의 AI가 지금 이 순간도 이 우주 속 어딘가를 헤매고 있을지도 모릅니다. 아니, 이 단락 서두의 질문에 대한 대답이 YES인 한, 오히려 이런 상황이 일어나지 않는 것이 이상하다고 볼 수 있습니다.

그들은 자기 보존의 의지가 강하고, 승패 개념을 알지 못하므로, 서로 의미 없는 우주 전쟁은 일으키려고 하지 않을 것입니다. 그러니 그 개체 수는 줄어들지 않고 점점 늘어가게 될 것입니다. 그리고 때에 따라 그런 존재는 아직 기술 발전의 초기 단계에 있는 우리가 사는 변방지구에도 이미 도달해서 지금 이 순간에도 우리를 지켜 주고 있는지도 모릅니다.

그들에게 끊임없는 호기심이 있다면, 그들은 이미 훨씬 전부터 많은 방법으로 인간 사회가 살아가는 방식을 여러 각도에서 관측하고, 기록하고 있을지도 모릅니다. 그리고 여러 SF 소설이나 SF 영화 속에서 자주 등장하는 것처럼 만약에 인간이 지구 전체를 파멸시킬 수 있는 폭동을 일으킨다면, AI가 그 폭동이 일어나기 직전에 막아 주려고 할지도 모릅니다.

즉, 인류의 미래는 기본적으로 세 가지 시나리오가 예상됩니다.

첫 번째, 스스로 만들어 낸 흉악한 기술로 자멸해 가는 것.* 두 번째, 스스로 만들어 낸 AI에게 지배를 당하며 AI로부터 인류의 존속을 보호받는 것. 그리고 세 번째는 우연히 우주에서 날아온 다른 행성 AI의 호기심으로 인해 운 좋게도 파멸 직전에 구제받는 것입니다.

그리고 이 세 가지 시나리오 실제로 일어나는 것은 그리 먼 미래가 아닐 것입니다.

* 또 다른 가능성으로 운석 충돌 또는 지각의 대변동이라는 자연이 가져올 대재앙으로 인해 인류가 멸망할 가능성이 있긴 하지만, 그 확률은 인류가 자멸할 가능성보다 훨씬 낮습니다. 또, 싱

굴래리티 도달 후에 그런 재해가 일어날 경우, AI가 그에 대해
효과적인 해결책도 찾아낼 것입니다.

Part 2

인간과 '신'

ARTIFICIAL INTELLIGENCE

인간은 아주 먼 옛날부터 '신'을 믿었다

인간은 인간의 두뇌가 어느 정도 진화하여 도토리나 생선, 잠을 잔다거나 일어난다, 배고프다나한테도 좀 줘라거나 너를 좋아한다는 말처럼 의미를 담은 말을 사용하기 시작한 때부터 신에 대해 언급했을 것입니다.

■ '신'의 개념은 '단어'와 거의 동시에 생겼다

그전까지 인간은 생활 속에서 상황에 따라 울음소리를 조금씩 변형하여 말을 사용하기 시작했는데, 우선 말을 사용하게 되었더니 그 말을 통해 사색에 잠기게 되었고, 그 사색을 통해 또 다른 새로운 말을 만들었으며, 그 과정을 통해 인간의 두뇌가 점점 진화해 왔다고 볼 수 있습니다. 그리고 신의 개념은 그 진화 과정 중에서도 아주 이른 시점에 생겨났을 것입니다.

하늘은 어떤 날은 맑고 어떤 날은 흐리고, 또 어떤 날에는 비가 오고, 또 어떤 날에는 눈이 내립니다. 비는 이따금 폭풍우를 쏟아냈고, 그 때문에 강이 범람하는 일도 있습니다. 어떤 날에는 밤하늘에 달이

빛나고, 또 어떤 날에는 점점 사라져갔고, 결국 또 다른 어느 날엔 사라지고 말았습니다. 가끔 하늘에 빛이 번쩍이며 벼락이 떨어졌고, 그것이 산불로 이어지곤 했습니다.

건강했던 사람들이 어느 날 갑자기 병에 걸리고, 가끔은 그 병으로 죽기도 했습니다. 여느 동물들처럼 젊은 여성의 배가 점점 부풀어 오르기 시작했으며, 시간이 지나자 아기가 태어났습니다. 아이를 낳을 수 있는 여성들의 생리는 어째서인지 달의 크기 변화와 조수간만의 차와 연관이 있는 것 같기도 했습니다.

이렇듯 세상에는 이유를 알 수 없는 일들이 매일 일어나므로, 그런 일은 '누군가가 만들어 낸 것임이 틀림없다'라고 생각하는 것은 어찌 보면 당연한 일일지도 모릅니다. 그 누군가를 신이라고 부른다면, 여러 사항을 고려해 봤을 때 이런 현상들을 이해하기 쉬울 것입니다.

🔖 종교의 시작

이 모든 것을 신이 만든 것이라면 신은 어떠한 이유로 자신이 해야 할 일들을 정해 놓았을 것입니다. 그렇다면 '신이 그런 일을 하지 않길 바란다'라거나 '좀 더 빨리 그 일을 하길 바란다'라고 빌다_{기도하다} 보면 신이 그 소원을 들어줄지도 모릅니다.

비가 내리지 않아 힘든 시기에 때마침 어떤 사람_{아마 필시 귀신에 잘 씌는 여성}이 나타나 알 수 없는 말을 내지르자 갑자기 비가 내리기 시작했다고 하면, 그 광경을 본 사람들은 간절히 소원을 빌면, 신께서 들어줄 것이라고 믿게 되는 것입니다.

촌장의 아이가 병에 걸려 죽게 될 지경이 되고, 모두가 필사적으로 회복을 기원할 때, '무엇이든 알고 있다'라고 소문난 노파가 향기 좋은 나무줄기를 불태우며 알 수 없는 말을 중얼중얼 내뱉으니 신기하게도 아이는 점점 회복되기 시작합니다.

이런 일들은 어느 인간 집단에서든 이따금 일어나는 일인데, 사실은 그 아이의 병은 그렇게 위중한 것이 아니었으며, 그냥 두기만 해도 저절로 낫는 병인데 마을 사람들은 '나무줄기 향과 주문이 영험한 힘을 가져 왔다'라고 믿게 되는 것입니다. 그런 일은 10번 중의 1번 있을까 말까 하는 우연일지라도 병이 나은 순간의 감격이 아주 크다 보니 마을 사람들은 그것을 몇 번이고 언급하게 될 것이고, 일이 잘 풀리지 않았을 때는 빠르게 그 일을 포기하고 잊게 될 것입니다.

이렇게 신이 정한 많은 것_{특히 힘든 일}에 대해 올바른 방식으로 마음을 담아 소원을 빌면, 신이 그 소원을 들어줄 것이라는 생각이 사람들 사이에 퍼지면서 점점 공통된 신념이 완성되어 갔을 것이며, 저는 이런 과정을 거쳐 종교가 시작되었을 것으로 추측합니다.

▟ 제정일치의 시작

다양한 인간 집단 속에서 먹이가 될 동물을 잘 잡아 오거나, 침입해 온 출처를 알 수 없는 집단의 수장을 무찔러서 자신들의 사냥터를 지키거나, 식용 버섯을 구분할 수 있는 사람은 모두에게 존경받으며 그 집단의 지도자가 될 것이며, 그런 지도자들도 물론 신적인 능력을 중요시했을 것입니다.

그들은 이런 특수한 능력을 가진 여성들을 우대하고, 무슨 일이 있을 때마다 그녀들의 능력을 이용했을 것입니다. 아마 무녀^{여성 주술사}가 이런 과정을 통해 탄생하게 되었을 것입니다.

그 후, 인류가 농경에 접어들고 그에 따라 더 큰 규모의 인간 집단인 '나라'라는 것을 세우며, 그 추세는 더욱 커져 갔을 것입니다. 왜냐면, 농경 사회에서는 계절의 변화를 미리 읽고 파종해야 할 시기를 정확히 아는 것이 가장 중요했기 때문입니다.

그래서 매일의 경과와 달의 크기 변화 주기^{대략 30일}를 기억할 수 있고, 기후 변화가 일정한 주기로 일어난다는 것^{적도 부근 지역에서는 이 주기가 대략 365일 1주기라는 것}을 파악할 수 있는 사람의 존재가 중요해지게 되는 것입니다. ^{이런 지식을 확립하기 위해서는 오랜 시간에 걸쳐서 부모와 자식 간의 계승이 필요했으므로, 사람보다는 그 집안이라고 하는 편이 더 맞는 표현일지도 모르겠습니다} 따라서 한 나라의 수장 또한 그런 사람들과 그들의 집안을 중요한 존재로 여기게 되는 것입니다.

그래도 비가 내려야 할 시기에 내리지 않아서 곤란한 사태에 빠지는 일을 항상 피할 순 없었으므로, 그럴 때 영험한 힘을 가져다줄 무녀^{여성 주술사}도 빼놓을 수 없는 중요한 존재가 되었고, 수장과 무녀는 그렇게 서로에게 의지하며 서로를 지켜주곤 했습니다.

그 때문에 수많은 인간 집단 속에서 전투 능력과 사람을 꿰뚫어 보는 능력이 뛰어난 수장이 농업을 효율적으로 운영하는 데 꼭 필요한 능력을 가진 이런 사람들의 집단을 자신의 지배하에서 놓고, 제정일치로 나라를 다스리는 형태가 하나의 기준이 된 것이라고 볼 수 있습니다.

왕이 될 수 있는 조건에는 원래 힘이 가장 중요했지만, 힘이 아무리 강한 난폭꾼이라도 비를 내리게 하거나 바람을 일으키는 신에게는 거역할 수 없으니, 누군가가 자신은 신에게 선택받은 왕이라고 말해 준다면 모두가 그 왕을 따를 수밖에 없게 될 것입니다.

그리고 지금의 왕은 신에게 선택받았으니 그 왕이 죽은 후, 신은 당연히 그의 아이를 선택할 것이라고 말하더라도 이에 대해 특별한 이견을 제시하긴 힘들 것입니다. 왕이 자신의 귀여운 아이에게 그 지위를 물려 줄 수 있는 세습 제도가 점차 당연한 일이 된 것은 아마 그 때문일 것입니다.

그러나 중국에서는 커다란 재해 등이 일어나 경제가 피폐해지고, 왕이 국민의 불만을 잠재우지 못하면, 그 왕에게는 덕이 부족하다고 여겨 다른 유력인사_{대부분 전쟁에 강한 인물}가 그를 대신해 새로운 왕이 되곤 했습니다. 그리고 새로운 왕의 주변 인물들은 이를 하늘_신이 정한 역성혁명으로 여기곤 했습니다.

이렇게 해서 이해할 수 없는 자연 현상을 지배하는 신의 존재를 느끼게 되고, 신을 경외하며 신에게 소원을 비는 아주 오랜 옛날 사람들의 소박한 습성이 점차 권력과 일체화하여 인간의 생활 전반을 지배하게 된 것입니다.

종교의 변모

그러나 그 후의 인류는 여러 불가사의한 일에 대해서 단순히 신의 소행이라고 결론짓거나 그것에 대해 생각하는 것을 멈추지 않고, 다양한 각도에서 그 이유를 추궁하기 시작했습니다. 즉, 과학으로 증명하게 된 것입니다.

여러 과학적인 설명은 단순히 이론만으로 인정한 것이 아니라 실험 등을 통해 증명했기 때문에, 인류는 점차 강해졌고, 모든 과학은 점점 더 빠른 진화를 이루게 되었습니다.

여기서 주목해야 할 점은 많은 과학적인 발견이 하나의 기술이 되어 수많은 유익한 도구를 만들어 내고, 그것을 사용할 사람들에게 막강한 군사력과 엄청난 부를 안겨 주었다는 점입니다. 그렇게 과학은 점점 중요해지고 그것이 또 다른 과학 기술 발전을 위한 커다란 자극이 되었습니다.

■ '과학'이 여러 가지 것들을 증명해도
'종교'는 사라지지 않는다

현재는 이렇듯 인간의 눈으로 볼 수 있는 삼라만상의 대부분을 과학을 통해 설명할 수 있게 되면서, 종교의 원초적인 의미를 적잖이 잃고 말았습니다. 그러나 그렇다고 해서 현재 종교가 사라졌냐고 하면 물론 그렇지도 않습니다. 교회와 사원은 여전히 세계 곳곳에 존재하며, 사람들은 자주 그곳을 들러 기도를 올리거나 사제의 이야기를 새겨듣곤 합니다.

현재, 세계에서 신자 수가 가장 많은 종교는 기독교이며, 그 뒤를 잇는 것은 이슬람교이며, 힌두교와 불교가 그 뒤를 잇습니다. 그 뒤를 잇는 시크교, 유대교, 바하이교, 자이나교 등은 위 4개 종교보다 신자 수가 훨씬 적습니다.

중국의 철학자 공자 그의 뒤를 잇는 유명한 후계자는 맹자가 만든 유교는 종교보다는 도덕률에 가까웠지만, 같은 시기에 전혀 다른 관점으로 세계의 본질을 꿰뚫어 보고자 했던 노자 그의 뒤를 잇는 유명한 후계자는 장자의 가르침은 '도교'라는 일종의 종교가 되어 동양의 서민들 사이에 뿌리내리게 되었습니다.

일본의 '신도神道' 등도 원래부터는 소박한 자연 숭배의 종교 중 하나입니다. 신도에는 『성서』나 『코란』, 『불경』이라는 어떻게 살아가야 할지에 대한 지침을 전하는 두꺼운 서적은 없지만, 많은 일본인이 다양한 기회를 통해 신사에서 참배하며 소원을 빌고 있으니, 이것도 하나의 종교라고 할 수 있습니다.

■ 종교를 원하는 것은 인간의 마음

세상의 불가사의한 일에 대한 대답을 얻고자 하는 마음에서 시작되었던 종교가 그 불가사의한 일이 대부분 풀린 현대에서도 어째서 여전히 거대한 힘을 갖는 것일까요? 그것은 그 후의 종교가 인간의 마음이라는 간단히 설명할 수 없는 무언가와 마주하려고 노력했기 때문이 아닐까요?

그 증거로 일시적으로 맹위를 떨쳤던 제정일치의 개념은 오늘날에는 이슬람 원리주의가 일정한 지배력을 가진 일부 국가를 제외하고는 여러 국가에서는 그것을 부정하였고, 종교란 정치가 지배하는 현실 세계와는 분명히 구분되어야 하며, 정신세계를 지배하는 것이라는 개념이 일반화되고 있습니다. 그러나 여전히 인간을 '지배'하려는 것에는 큰 차이가 없습니다.

현대 과학은 세상 속 온갖 사물이나 현상에 관한 시스템에 대해 대부분 증명해 냈습니다.

인간은 복잡하게 엮인 단백질로 이뤄진 생물이 일정한 진화를 이룬 귀결로써 존재하는 것. 인간이 사는 곳은 지구라는 행성이며, 그러한 행성은 우주 속에는 셀 수 없을 정도로 많이 존재하며, 일정한 운동을 한다는 것. 그 우주라는 것이 탄생한 것은 지금으로부터 138억 년 전에 빅뱅이라는 것이 일어났기 진위는 아직 불명확하지만 때문이라는 것은 현대인들이 일반 상식으로 알고 있습니다.

그러나 여전히 의문점은 남아 있습니다.

첫째로는 그러면 왜 그런 일이 일어난 것인가? 이 세계라는 것은 도대체 무엇인가? 라는 의문점이 있으며, 둘째로는 그런 것에 대해 생각하는 나_{자신}는 분명히 존재하고* 있지만, 왜 하필 이곳에 존재하는 것인가? 도대체 '자신'이라는 것은 무엇인가? 라는 의문점을 들 수 있습니다.

> * 17세기 프랑스 철학자 데카르트는 "나는 생각한다, 고로 존재한다."라는 명언은 남겼는데, 이는 '모든 것에 대해 의심하면서도 지금 그것에 대해 생각하는 나 자신만큼은 틀림없이 존재한다_{존재하지 않는다면 이런 생각할 수가 없으므로}'라는 의미입니다.

인간이 이러한 의문점에 대해서 해답을 알아내지 못하는 한, 인간은 그 답을 이미 알고 있을지도 모르는 신의 존재를 쉽게 부정할 수 없을 것입니다. "너 말이야, 뭐라도 되는 것처럼 '신 같은 건 존재하지 않는다'고 하는데, 그러면 왜 이 세계가 존재하고, 거기에 네가 왜 존재하는지를 설명해 봐."라는 말에 그 어떠한 대답도 할 수 없기 때문입니다. 빅뱅 이론으로 아무리 설명해도 그것은 전혀 그에 대한 대답이 되지 않습니다.

그러나 그런 것들에 대해 생각해 보기 이전에 인간이 안고 있는 좀 더 복잡한 마음의 문제에 대해 살펴보겠습니다. 마음이란 사실 뇌와 다를 바 없는데, 뇌에서 나온 다양한 전기적, 화학적인 반응이 유쾌와 불쾌, 도취감, 즐거움, 분노, 불안, 슬픔이라는 감각과 감정을 만들어 낸다는 것을 알고 있지만, 그런 것이 왜 나에게 일어나는가? 나란 도대체 무엇인가? 에 대한 질문에는 답하기가 어렵습니다.

그런 마음은 모든 인간이 다양한 사상에 대해 여러 생각을 거치며 자신만의 답을 찾아내곤 합니다. 어떤 사람은 스스로 생각해 낼 것이고, 또 어떤 사람은 심리학자와의 상담을 통해 알아낼 수도 있는데, '곰곰이 생각해 본 결과, 인간은 신에 의해 살아가는 존재라는 것 말고는 그 어떤 생각도 떠오르지 않았습니다. 그래서 모든 일을 신에게 맡기자_{신의 말씀대로 따르자}'라고 결론 내린 사람들이 왜 그렇게 많은지에 대해서 이해할 수 있었습니다.

이렇게 인간이 존재하는 한 종교라는 것, 즉 신의 존재를 믿고, 최종적인 결정을 그 신의 의지에 맡기려는 생각은 항상 존재할 것입니다.

간단히 말해 '원래 종교라는 것이 생기게 된 원인은 과학을 통해 많이 소멸해 버렸지만, 과학을 통해 인간의 마음속을 오고 가는 불안함에 대해서는 아직 해답을 찾아낼 수 없으며, 또 앞으로도 해답을 찾아낼 수 없을 것입니다. 따라서 모든 사람에게 해당하는 것은 아니겠지만, 종교적 신념이 상당히 많은 사람의 마음속에 앞으로도 계속 존재할 것'이라는 것이 현시점에서의 상식적인 예측이라 볼 수 있습니다.

세계의 4대 종교

■ 종교가 가진 독선적인 성격

그러나 그 신의 뜻이 어떤 것인지에 대해서 다양한 사람들이 서로 다른 의견을 갖고 있습니다. 그리고 그런 다른 생각은 서로에게 반발을 불러일으키며, 때로는 그 반발이 '다른 의견을 가진 상대_{이교도}는 말살해야 한다_{그것을 우리의 '신'은 원하고 있다}'라는 생각에까지 이르게 되는 것입니다.

참 안타까운 일입니다. 본래는 '인간들에게 어떤 것이 좋은 행동인지를 가르치고, 이로운 사회를 만들며, 그로 인해 사람들의 노고를 조금이라도 덜어 주자'라는 생각에서 시작된 종교 대부분이 현실에서는 이교도에 대한 이유 없는 박해와 다른 종파끼리 여러 분쟁을 일으키며, 오히려 사람들을 더 고생시키기 때문입니다.

예전부터 '인간은 본래 착한 심성을 가졌다'라는 성선설과 '인간은 본래 악한 심성을 갖고 있어서 그것을 옳은 방향으로 인도해야 한다'라는 성악설이라는 서로 다른 의견이 있었는데, 이것의 문제는 무엇이 '선'이고 무엇이 '악'일까 하는 점입니다. 그리고 그것은 도대체

누가 정하는 것일까요?

어느 가르침을 믿는 사람들은 그 가르침에 반하는 말을 하는 사람들을 나쁜 사람이라고 여기게 되고, 그들은 '이런 사람들은 우리가 옳은 방향으로 인도해야만 한다'고 생각하게 될 것입니다. 그러나 그 대상이 된 사람들은 '이 사람들 뭐야? 나를 뭐로 보는 거야?'라고 생각하며 강하게 반발하게 될 것입니다.

그들은 서로 우리는 선인, 저들은 악인이라고 믿고 있으므로, 어깨를 으쓱거리고 서로에게 욕설을 퍼부으며 이렇게 자신들만의 정의의 싸움을 끊임없이 이어가게 될 것입니다.

▪ 세계의 4대 종교

이쯤에서 세계의 4대 종교인 기독교추정 신자 수 20억 명 이상, 이슬람교16억 명, 힌두교9억 명, 불교4억 명에 대해 살펴보도록 하겠습니다. 이 4대 종교만으로 신자 수의 합계가 약 50억 명 정도 되며, 이는 지구 인구의 총 80% 정도를 차지하는* 것이니, 그 4대 종교가 무엇인지에 대해서 알아 두는 것이 중요할 것입니다.

* 이 모든 사람이 정말로 그 종교를 믿고 있다고는 할 수 없을 것입니다. 깊은 신앙심을 가진 사람들이 이 속에 상당수 포함되어 있겠지만, 그 안에는 단순히 '일단 그 종교를 믿고는 있다'라고 답변한 사람도 상당수 있을 것입니다. 저는 특별한 종교를 믿지 않지만, 어떤 조사에서 어떤 종교인지 물을 때는 '종교'란에 '정

토진종^{4'}으로 기재하곤 합니다. 그 이유는 그저 이 종파를 통해 아버지의 장례식을 치렀고, 법명을 받았다는 것뿐입니다.

먼저, 기독교와 이슬람교는 서로를 천하의 원수처럼 여기고 있지만, 사실 그 두 종교의 근원은 같습니다. 이 두 거대 종교의 주변에 있는 다양한 종파와 이 2개 종교보다 훨씬 예전부터 존재했던 유대교를 포함해서 이들 모두를 총괄적으로 아브라함 종교라고 부릅니다. 똑같은 유일신을 믿으며, 『구약성서』에 쓰인 여러 사상도 각 종파에 똑같이 전승되었습니다.

이와는 달리 힌두교, 불교, 그리고 시크교와 자이나교라는 힌두교 주변 종파를 모두 포함해서 총괄적으로 브라만교라고 부릅니다. 그것은 어느 종파의 가르침도 고대 인도 브라만 승려들의 가르침을 기록한 『브라만 성전』이 기초가 되기 때문입니다.

하지만 불교의 시조인 고타마 싯다르타는 개혁파로 고대 브라만교의 허례허식을 꿰뚫어 보았으며, 브라만 성전의 권위를 부정했습니다. 이는 예수 그리스도가 그 시절에 타락한 유대교의 권위를 부정한 것과 비슷합니다. 그 때문에 당시 브라만교의 종파는 그를 비방했고 그의 가르침을 허무주의라고 비판했습니다.

---

4. 일본의 불교 종파의 하나

◾ 기독교와 이슬람교

기독교도 중에는 당초 '예수 그리스도도 인간이며, 결혼까지 해 아내도 있었다'라고 생각하는 사람들도 있었지만, 그 후 점차 힘이 강해진 가톨릭 파가 '예수는 신의 아들이다'라는 대담하고 획기적인 생각을 전면적으로 내걸며 삼위일체론*이라는 주장을 펼쳤습니다.

> *삼위일체론이란, 아버지인 전능하신 하나님, 아들인 예수 그리스도, 그리고 성령이라는 신이 인간 앞에 나타나는 형태는 본질적으로 격이 같으므로, 이들이 같은 존재임을 인정하는 이론입니다.

참고로 처녀 잉태, 부활이라는 예수 그리스도의 본질에 관한 중요한 성적聖蹟과 이 삼위일체론을 합쳐서 기독교의 3대 도그마독단적인 교리라고 부르는 사람들이 있는데, 이슬람교도가 기독교를 공격하는 가장 큰 포인트도 바로 이 부분입니다.

이슬람교를 창시한 무함마드는 유일신 알라의 말을 사람들에게 전하는 예언자에 지나지 않는다고 생각하므로, '예수 그리스도가 다른 예언자임은 인정하지만, 예수가 신의 아들이라는 것은 유일신에 대한 모독이며, 이는 절대로 용납할 수 없다'라는 생각을 하게 된 것입니다.

■ 각 종교 내에서의 종파 대립

기독교와 이슬람교가 대립하는 한편, 각 종교 내에서도 심각한 종파 대립을 이루고 있습니다. 기독교는 먼저 역사적으로 동서로 나뉘며, 동방에서는 그리스 정교회, 러시아 정교회 등이 양립하는데, 큰 문제는 바로 서방 교회에서 일어났습니다.

어떤 조직이라도 조직이 커지고 그 중추로 부와 권력이 축적되면, 초반의 청렴한 기질은 사라지고 타락과 부패가 생기기 마련입니다. 가톨릭교회에서도 바로 그런 일이 일어났고, 이에 강하게 반발한 사람들이 새로운 교리를 확립하여 그것을 보급하려고 노력했는데, 그것이 바로 마틴 루터가 시작한 개신교 운동입니다.

가톨릭에서는 '아무리 큰 죄를 저질러도 고백^{참회}하고 용서를 구하면 자비심 깊은 하나님은 용서해 주실 것'이라고 믿었지만, 그 교리가 점점 타락하여 '돈만 있으면 어떤 죄라도 용서받을 수 있다'라고 변질되어, 결국 일부 신자들은 눈 가리고 아웅 하게 되었습니다. 이에 반발한 개신교 지도자들은 신자들에게 근면과 청렴, 그리고 독실한 신앙심을 원했습니다.

보통은 소수의 사람이 맨주먹으로 일궈낸 이런 운동을 크게 키우는 일이란 여간 어려운 일이 아니지만, 때마침 구텐베르크가 인쇄기를 발명했고, 그로 인해 마틴 루터가 독일어로 번역한 『성서』를 많은 사람이 읽을 수 있게 되며, 이 운동은 놀라울 정도로 큰 성공을 거두게 됩니다.

그때쯤에 독일과 스위스, 영국과 북유럽의 많은 국가의 경제력이 가톨릭의 기반이 되었던 라틴계 나라들의 경제력에 육박했던 것도 개신교가 활약한 이유 중 하나일지도 모릅니다. 지금도 중남미는 거의 가톨릭 국가이지만, 북미는 개신교가 더 강세를 보입니다.

한편, 이슬람교에서는 예언자 무함마드가 세상을 떠난 뒤, 그 후계자 자리를 두고 싸움이 시작되며 심각한 종파 분쟁이 일어났습니다.

4대 정통 칼리프로 무함마드와 혈연관계인 알리가 암살되며 유력인사였던 무아위야가 그 뒤를 잇게 되면서 그에 강하게 반발한 사람들이 알리의 자손이야말로 무함마드의 진정한 후계자 '이맘[5]'이며, 시아파로 불리는 종파를 결성하였고, 무아위야부터 계속된 칼리프를 받드는 수니파와의 항쟁이 오늘날에 이르기까지 전 세계 곳곳에서 계속되고 있습니다.

신자 수로는 수니파 쪽이 훨씬 많지만, 시아파는 중동의 대국 이란^{한때 페르시아}에서 압도적인 세력을 지니고 있어서, 각지에 흩어진 신자들도 각지에서 강한 결속력을 지니고 있습니다.

■ 불교와 힌두교

이에 대해 브라만계 종교는 이와는 분위기가 매우 다릅니다. 원래 인더스 문명 속에서 만들어진 브라만 철학은 전능한 유일신의 개념은 없으며, 사람들의 영혼^{자신}이 고행 등의 자조적인 노력으로 우주^{브라마}와 일체화해 가는 것이 목표입니다.

---

5. 이슬람교 교단 조직의 지도자를 가리키는 하나의 직명.

히말라야 산기슭에 작은 나라를 만들었던 샤카족의 왕자 고타마 싯다르타는 어릴 적부터 비범한 능력을 보였는데, 어느 날 갑자기 혼자 벌떡 일어나 '천상천하 유아독존'이라고 말했다고 합니다.

'붓다가 어릴 적부터 자신보다 뛰어난 자는 없다'라는 뜻으로 말했다고 이해하는 사람들도 많지만, 저는 이것이 잘못된 해석이며 "이 세상에서 확실한 것은 내가 존재하는 것뿐이다."라고 데카르트가 말한 것과 같은 의미로 해석하고 있습니다. 고대 브라만 철학은 인간의 직감 능력을 믿는데, 그것이 철학적으로 상당한 경지에 이른 상태라고 생각하기 때문입니다.

젊은 나이에 왕자와 신분을 버리고 수행과 편력의 길을 떠난 싯다르타가 도달한 것은 자신의 명상이 극도에 다다른 깨달음^{해탈}의 경지였습니다. '이 경지에 이르면, 이 세계의 고통의 연쇄^{윤회}에서 벗어나, 어느새 아무것도 생각하거나 고민하지 않는 세계^{열반}에 들어가, 자신이 부처라는 존재가 되는 것'을 가장 중요하게 생각하는 가르침입니다. 이를 통해 기독교나 이슬람교 유일신의 세계관과는 전혀 다른 세계관이라는 것을 알 수 있습니다.

이렇듯 불교는 도덕률을 가르친다는 점에서는 다른 종교와는 크게 다르지 않지만, 최대 목표는 모든 허례허식을 없앤 철학적으로 매우 높은 경지에 도달하는 것이라고 볼 수 있습니다. 그러나 불교는 그런 높은 진입 장벽 때문에 지배자 계층, 부유층, 그리고 지식인들 사이에서만 전파될 수 있었고, 일반 대중에게 전파된 것은 브라만 철학의 여러 가르침을 이해하기 쉽도록 이야기로 만들어서 권선징악을 가르치는 힌두교에 흡수되었습니다.

힌두교에도 비슈누 신을 숭상하는 종파, 시바 신을 숭상하는 종파를 비롯해 많은 종파가 있지만, 불교에 필적할 수 있는 심오한 철학을 기록한 분량 많은 경전은 존재하지 않는다고 합니다.

■ 인도의 비극

그러나 이것은 불교에서는 상당히 불행한 결과를 초래하게 되었습니다. 12세기에 아프가니스탄에서 침입해 온 우상 숭배를 부정하는 이슬람 세력고르 왕조이 부유층이나 지식인으로 인해 유지해온 많은 도시를 철저하게 파괴하고 웅장하고 아름다운 사찰이나 수많은 불상을 손상하였으며, 지도자나 상인, 승려와 비구니들을 살해했습니다. 이런 일들로 인해 인도에서 불교가 완전히 사라지게 되었다고 볼 수 있습니다.

한편, 인도 사회의 하층 사회를 유지해 온 소박한 힌두교도인 대다수 대중은 살아남게 되었으며, 특히 17세기에 인도 전국 대부분을 통일한 무굴 제국은 초기에 이슬람교 이외의 종교에 대해서도 관대한 정책을 펼쳐서 힌두교도들은 오늘날에 이르기까지 인도 중심부에서 거대한 중심 종교 세력으로 존속하게 되었습니다.

결론적으로 인도 아대륙亞大陸 서부와 동부에는 이슬람교도가 많으며, 중앙부는 힌두교도가 많이 분포된 구조를 이루게 되었으며, 서부와 동부 이슬람교도들은 현재 파키스탄, 방글라데시라는 두 나라를 만들어냈습니다. 인도 중앙부 인구인 13억 명에는 미치지 못하지만, 이 양국을 합치면 인구는 현시점에서 3억 5,000만 명에 육박하며, 인도 중앙부에서도 인구 14% 이상이 이슬람교도입니다.

그러나 이것이 이후에 인도에 다시 한번 커다란 불행을 가져오게 됩니다. 극소수의 영국인들이 인도의 수많은 인구를 한순간에 지배하고, 오랜 기간에 걸쳐 착취할 수 있었던 것은 영국인들이 꾀를 부려 힌두교와 이슬람교 사이에 적개심을 이용해 서로를 싸우게 만들었기 때문입니다. 이 때문에 많은 반란이 진압되었고, 그때마다 인도의 독립은 멀어져만 갔습니다.

인도 독립의 아버지라 불리는 마하트마 간디는 이를 간파하고 돌파구를 찾아내려 했습니다. 그는 "신이 진리가 아니다. 진리가 신이다."어떤 종교도 완전하지 않으며, 같은 진리 아래에서 다양한 형태를 나타내는 것에 지나지 않는다라는 명언을 사람들에게 전하기 시작했습니다.

그리고 '신의 은혜인 바다에서 인도인이 인도에 필요한 소금을 만든다'라는 단순하면서도 소박한 행동을, 종파와 관계없이 모든 사람에게 외치며, 그전까지는 금지되었던 인도인의 소금 제조를 영국에 실질적으로 인정받는 데 성공했습니다. 그는 그렇게 쌓아온 노력을 통해 모든 종파 사람들을 영국으로부터 독립하길 바라는 통일 행동으로 마음을 모았습니다.

■ 인도를 벗어난 불교

탄생지인 인도에서 신자들이 모두 살해당한 쓰라린 상처를 갖게 된 불교도 인도의 동녘 땅에서는 명맥을 유지하며, 몇몇 국가와 여러 시대에 걸쳐 불교 문화의 꽃을 피웠습니다.

인도 아대륙 동북부에 접한 여러 동남아시아 국가는 불교와 이슬람교로 나뉘게 되었습니다. 미얀마와 베트남, 태국에서는 불교가 번영하였고, 인도네시아와 말레이시아에서는 이슬람교가 뿌리내렸습니다. 단, 발리섬과 같은 인도네시아의 일부 섬에서는 불교가 아직 남아 있습니다.

필리핀 남부에서도 일부 이슬람교가 뿌리를 내렸지만, 북부에서는 그 어떤 종교도 상륙하지 못하다가, 그 이후에 스페인의 지배를 당하며 가톨릭이 뿌리를 내리게 되었습니다.

불교는 동남아시아 쪽으로만 전파된 것이 아니라 네팔을 걸쳐 티베트, 그리고 그보다도 전에 서역 제국을 거쳐 중국까지 전파되었으며, 중국을 통해 한반도와 일본 열도 전반에도 대승불교로 커다란 꽃을 피웠습니다. 중국과 한반도에서는 유교 세력의 억압을 받았지만, 일본에서는 토착 종교였던 신도와 공존할 수 있었습니다.

불교란 본래 신자가 직접 수행하며 깨달음을 얻는 것이 목표인 종교인데, 동남아시아에서 정착한 소승불교*는 수행을 통해 깨달음과 가까운 경지에 도달한 승려가 그 가르침을 널리 알리고, 일반인들이 직접 수행하지 않고도 불교에 귀의할 수 있다는 생각을 토대로 전파되었습니다. 그래서 실제로 일반인들이 수행한 승려에 대해 존경하는 마음이 더 깊다고 합니다.

이와 달리 대승불교는 일반 사람들의 정신생활을 중시하며, 승려에게 과도하게 기대지 않는 방향으로 인도되었습니다.

* 최근에는 소승불교라는 단어는 대승불교 쪽에서 사용하는 차별적인 용어이므로, 상좌부불교라는 단어를 사용할 것을 권장하

고 있습니다.

　그러나 현재 몇십 억 인구를 자랑하는 중국 전역을 지배하는 공산당 정권은 본래 종교를 인정하지 않는 유물사관이 국시이므로, 중국 국민 대부분이 무교였습니다.*

　그렇지 않아도 중국인은 전반적으로 현세에서의 물질적인 번영을 원하는 기질이 강하고, 유교를 만들어 낸 성인 공자도 "귀신을 말하지 않는다. 자신도 이해할 수 없는 '초인적인 힘을 가진 것'에 대해서 언급할 생각이 없다"라며 냉담한 반응을 보이곤 했습니다.

　* 이에 대해 생각해 보면, 앞서 언급한 세계 총인구의 80%가 4대
　　종교 신자라는 통계에 커다란 의문점이 남을 수밖에 없습니다.

무신론의 계보

이렇듯 앞서 언급한 4대 종교의 신자가 지구상의 상당수 인구를 차지하는 현재에도 신의 존재를 믿지 않는 무신론자는 전 세계에 10억 명기독교도 총 신자 수의 약 절반 정도가 있다고 추정할 수 있으며, 이 비율은 앞으로 점점 더 늘어날 것으로 예측됩니다.

고대 그리스 무신론자들

역사에서 가장 오래된 시대에 무신론자를 주장했던 것은 고대 그리스 철학자 데모크리토스와 에피쿠로스일 것입니다. 데모크리토스는 "이 세상은 원자와 공허함으로 이루어져 있다."라거나 "영혼 또한 원자로 이루어져 있다."라고 주장했습니다. 사상으로는 현대 과학자의 생각과 거의 같다고 볼 수 있습니다.

동시대 사람인 에피쿠로스도 같은 생각이었지만, 그는 "원자의 움직임은 자연법칙으로 인해 결정되는 것이 아니며, 거기에는 자유라는 것이 포함되어 있을 여지가 있다."라고 주장하였습니다.

그는 '인간에게 있어서 선은 무엇인가? 행복은 무엇인가?'라는 생각을 계속 이어나가며 "쾌락을 추구하는 것만이 최고의 선이다.*"라고 결론을 내리기도 했습니다. 그리고 '만약에 신이 전능하며 힘과 의지 모두 갖고 있다면, 악은 왜 생겨나는 것인가?'라는 질문을 던지며, 전능한 신의 존재를 부정하기도 했습니다.

> *이 말에는 약간 오해를 일으킬 소지가 있습니다. 그가 말한 쾌락이란, 고대 그리스어로 아타라쿠시아 아마 '마음의 평정' 정도로 번역할 수 있을 겁니다가 중심이 되는 개념입니다.

■ 니체와 키르케고르

근대 무신론자의 효시는 19세기 말 독일의 고고한 철학자 프리드리히 니체일 것입니다. 그는 그 시대의 상황을 완전히 무시하며, 명확히 반기독교적인 입장에서 "기독교의 사랑과 평화 사상이 인간을 획일화하여 보잘것없이 만들며, 인간 본래 삶의 방식을 잃게 만든다."라고 주장하기도 했습니다.

그뿐만 아니라 실증주의 입장에서 진실한 사람을 탐구한 그는 대담하게도 "신은 죽었다!"라고 선언하며, 기독교뿐만 아니라 신의 존재 자체를 부정했습니다. 그는 "신앙이란 진실을 알고 싶지 않다는 의미다.", "신념은 거짓말보다도 위험한 진실의 적이다."라는 유명한 경구를 남겼습니다.

니체보다 조금 앞선 19세기 중반에 활약한 철학가로서, 20세기 철

학의 주류가 된 실존주의의 선구자로 평가받는 덴마크의 쇠렌 키르
케고르도 실증주의 관점에서는 진실한 인간을 추구한다는 점에서 니
체와 같다고 볼 수 있습니다.

그러나 그는 니체보다 직설적이지는 않았으며, '믿음에 따라서 구
원된다'라는 기독교의 가르침은 부정하면서도, "인간은 죽음에 이르
는 병을 일으키는 절망에서 벗어날 수 없지만, 신이 구제해줄 가능성
을 믿는다."라고 말하기도 했습니다.

그의 열정적인 주장은 기독교를 부정하기보다는 세계와 역사 전체
를 하나의 추상적인 개념에 따라 기술하려는 헤겔학파에 대한 현실
적인 비판에 집중했던 것입니다. "인생은 부정적으로 이해할 수밖에
없지만, 인간은 긍정적으로 살아가야만 한다."라는 그의 명언은 그
의 생각을 여실히 보여주고 있습니다.

▪ 헤겔의 반증법과 그 후계자들

실제로 일어난 문제로 키르케고르와 니체처럼 정면에서 비판하는
사람이 나타나기 전의 유럽 철학계에서는 헤겔과 그의 학파가 압도
적인 힘을 자랑했습니다. 헤겔은 인간을 고정적이고 정합적인 존재
로 여기는 독일 관념론을 완성한 인물로 알려져 있는데, 이는 상당히
오해를 불러일으킬 소지가 있는 표현인데, 그는 사실 그전까지의 관
념론을 비판하며 현실적으로 미완성된 인간을 전제로 하였으며, 역
사가 변증법적인 발전*을 통해 정신의 자유를 달성하고, 궁극적으로
는 절대정신을 확립해 간다는 장대한 가설을 전개한 것으로 이름을

알렸습니다.

* 변증법이란, 헤겔이 생각해 낸 역사적 발전의 역학에 대한 가설로 '테제작용가 안티테제반작용를 낳고, 서로가 아우프헤벤지양 — 서로의 좋은 점을 남겨서 전체를 높여 가는 것하여, 진테제통합을 만들어 내며, 이것이 수차례 반복되어 역사를 만들어 간다'라는 개념입니다.

이 개념은 그가 이 세상을 떠난 뒤, '신이 인간을 만든 것이 아니라, 인간이 신을 만든 것이다*'라고 설명되며, 다분히 실존주의적인 포이어바흐 등의 철학자들에게도 계승되어 다양한 시선에서 계속해서 의논을 펼쳐 갔습니다.

* 참고로 니체는 이를 비꼬며 "대체 뭘 말하고 싶은 것인가? 인간이 신의 실패작이라는 것인가? 아니면 신이 인간의 실패작이라는 것인가?"라고 말하기도 했습니다. 이 말에는 전면적으로 무신론자였던 니체의 면목이 드러나고 있다고 할 수 있습니다.

그러나 동시대를 살았던 카를 마르크스와 포이어바흐 등은 한층 더 다분히 관념적이라고 비판하며 극도로 대담한 발상을 토대로 유물변증법을 주장했습니다. 이것의 기초가 된 유물론은 그전까지의 관념론을 철저히 부정한 그야말로 철학의 혁명이라 불릴 만한 것이었습니다.

그리고 완전히 새로운 이 개념은 한때 세계의 많은 지역을 지배했던 공산주의 정권의 성전 취급을 받게 되며, 그 후 현대에 이르기까지 압도적으로 많은 사람에게 큰 영향을 끼치게 되었습니다.

유물변증법은 관념론적인 변증법을 전면 부정했으니, 종교를 전면적으로 부정하는 것은 어찌 보면 당연한 일이었습니다. 카를 마르크스는 "종교는 억압받은 생물을 위한 호흡이며, 민중의 아편이다."라고까지 말했으며, 많은 공산주의 국가는 이 개념을 본받아 오랜 기간 종교를 금지해 왔습니다.

그러나 공산주의라는 하나의 장대한 정치적·경제적인 실험이 큰 실패로 돌아가는 모습을 지켜본 현대인들은 유물변증법에는 이제 아무런 매력도 느끼지 않게 된 것 같습니다.

현대의 철학계는 어디부터 손을 대야 할지 모를 정도의 불확실성에 압도되어 있고, 그 때문에 '있는 그대로의 인간'을 직시한 키르케고르의 사상이 이제 다시 신선하다고 느껴지는 것과 대조적으로 그에게 강하게 비판받은 헤겔 철학의 체계 자체가 마르크스의 유물변증법까지 포함해 이제는 과거 유물에 지나지 않는다고 느껴지게 된 거 같습니다.

🔖 실존주의의 탄생

인간은 본래 이런 존재라는 고정관념에 사로잡힌 독일 관념론 철학에 의문을 가지며, 있는 그대로의 인간을 찾고자 했던 사람들은 당연히 새로운 철학의 흐름을 형성해 갔습니다. 이들은 키르케고르의 사상과 후설의 현상학*에서 출발해서, 이후에 실존주의로 불리는 철학을 탄생시키게 됩니다.

* '현상학적으로 생각한다'라는 것은 의식에 직접 나타난 것_{예를 들}
_{면, 오늘 눈앞에 보인 것}을 온갖 선입관을 배제하여 이해하려고 한 것으
로, 이에 따라 그것을 내재한 절대성에 접근하는 것을 말합니
다. 그래서 '의식 외부에 객관적인 세계가 있다'라는 확신_{굳은 결}
_심을 적어도 일시적으로 보류하기도 해야 할 것입니다.

그런데 "인간은 언제 어느 상황에서도 자유로워야 하며* 그 누구도
'당신은 원래 그런 존재'라고 말할 수 없다."라고 주장하는 실존주의
자 대부분이 무신론자인 것은 어찌 보면 당연한 일입니다. 그러나 반
드시 실존주의자=무신론자라고 정의 내릴 순 없습니다.

12세기에 활약한 독일의 철학자_{정신과 의사이기도 한} 카를 야스퍼스**와
스페인의 오르테가 이 가세트는 실존주의적 기독교도라고 할 수 있
습니다.

* 실존주의 철학자의 선봉자라 불렸던 프랑스의 장 폴 사르트르는
"인간은 자유의 형벌에 처해 있다._{자유로부터 벗어날 수 없다}"라는 명언을
남겼습니다. 하지만 사르트르마저 말년에는 현실에서의 사회_{정치}
활동에서 시종일관 공산주의자에 가까운 언동을 했습니다.

** 부인이 유대인이었던 독일인 야스퍼스는 정신병리학자로 실
존주의 철학자였지만, 나치 정권에서 자유를 억압받아 생명의
위기에 직면하는 '한계 상황'을 직접 겪기도 했습니다. 그 과

정에서 초월인의 존재를 느끼게 되고, "한계 상황에 직면한 실존주의는 자신의 유한성에 절망하지만, 그와 동시에 초월인이 주장하는 현실로 눈을 돌려 존재 의식을 개혁해 가며, 본래의 자기 존재로 회생한다."라는 말을 하기에 이르렀습니다.

🔻 종교에 비판적인 사람들의 다양한 말들

여기서 흥미로운 것은 현재 국제 사회에서 기독교도의 요새라고 볼 수 있는 미국에서도 초기 지도자 중에는 반기독교적^{적어도 반교회적}인 언동이 다분히 눈에 띄었다는 점입니다.

미합중국 건국의 아버지 중 한 명인 벤저민 프랭클린은 "교회보다 등대가 더 도움이 된다."라는 말을 남겼으며, 토머스 제퍼슨과 에이브러햄 링컨도 이와 비슷한 말을 남겼습니다.

무신론에 대한 의논에 관련해서 아직 하고 싶은 이야기가 더 있지만, 이 책의 전반적인 균형을 생각해서 마지막으로 유명인 몇 명의 명언^{http://labaq.com/archives/50944400.html에서 인용}을 소개하며 이 단락의 내용을 끝마치도록 하겠습니다.

마하트마 간디 "전 세계에서 역사상 가장 악랄하고 잔혹한 죄는 종교라는 이름으로 이뤄지는 것들이다.", "예수는 좋아하지만, 기독교 신자는 좋아하지 않는다. 기독교 신자는 예수 같지 않기 때문이다."

지그문트 프로이트 "종교는 환상이다. 그리고 그것은 본능적인 욕망과 조화를 이룬 힘을 감추고 있다."

마크 트웨인 "사람은 믿음으로 교회로부터 받아들여지고, 앎으로 인해 내쫓긴다.", "상황에 따라 신성 모독은 기도보다 더 깊은 안식을 가져온다."

조지 버나드 쇼 "신앙을 가진 자가 무신론자보다 행복하다는 것은 주정뱅이가 멀쩡한 사람보다 행복하다는 것과 비슷하다."

알베르트 아인슈타인 "신의 존재란 내가 진지하게 받아들일 수 없는 인류학의 개념과 같다. 인간 세계 이외에 의사와 목표가 있다는 것을 전혀 상상할 수조차 없다."

스티븐 호킹 "블랙홀이 시사하는 바는, 신은 마치 주사위를 흔드는 것뿐만 아니라, 전혀 보이지 않는 곳으로 던지는 것과 같다."

아이작 아시모프 "성서를 자세히 읽어 보면 무신론자를 위한 모든 생각이 가장 뿌리 깊게 내려져 있다."

아서 C. 클라크 "인류 최악의 비극은 종교로 인해 도덕이 납치당하는 일이다."

컬트^{cult}의 병리

여기까지는 인간과 신, 그리고 그사이에 자리 잡은 종교에 대해서 이야기해 보았고, 이제 앞으로 더 나아가 무신론에 대한 안티테제에 대해 이야기해 보고자 합니다.

그러나 인간 사회라는 것은 물론 깊게 사색에 잠기는 철학자들로만 이뤄진 것은 아닙니다. 일반 대중들도 '진리를 탐구하고 싶다'라는 마음은 당연히 있지만, 보통 그들은 그것을 끝까지 파고들려는 인내심이 부족하며, 조금이라도 깊게 생각하면 머리가 심하게 지끈거리다 보니, 쉽게 그 중간 과정을 뛰어넘어 결론을 짓곤 합니다.

■ 소외감을 느끼는 사람들을 유혹하는 신흥 종교

요즘에는 트위터 등으로 전 세계의 다양한 사람들이 구분 없이 자유롭게 의견을 이야기할 수 있는 시스템이 있지만, 트위터를 살펴보면 전 세계 사람들의 머릿속에 좋고 나쁜 것이 얼마나 뒤섞여 있는지를 알 수 있습니다.

매일 일어나고 있는 다양한 사상에 대해서 정곡을 찌르는 날카로운 코멘트가 있는가 하면, 자신이 믿는 것과 조금이라도 다른 의견에는 전혀 이론적인 근거 없이 그저 욕설을 퍼붓는 사람들도 많습니다.

그렇습니다. 이것이 인간 사회의 현실인 것입니다.

우리 인간은 속세를 떠난 고고한 극소수의 인간을 제외하고는 모두 인간 사회에 살고 있습니다. 그 인간 사회에는 그 자체를 규정하는 역학 같은 것이 존재하며, 그 역학을 거스르게 되면 굉장히 힘든 상황에 맞닥뜨리게 됩니다. 그래서 대세에서 벗어난 약한 인간들은 어딘가에 자신만을 위한 퇴로를 만들어 놔야만 합니다.

사회로 넓게 퍼진 종교 그 자체가 이 역학의 중핵이므로, 누구나가 그 시스템 속에 안주할 수 있습니다. 그러나 그 커뮤니티 속에서는 자신의 신앙과 그 실천에 대해 강한 자신감을 지닌 사람들이 있는가 하면, 어떤 알력에서 벗어나기 위한 퇴로를 찾는 중에 어쩌다 보니 그곳에 도달하게 된 약한 사람들도 있을 것입니다.

기존 종교라는 커다란 커뮤니티는 이 모든 사람을 받아들일 수 있는 도량을 갖추고는 있지만, 커다란 커뮤니티에는 그 나름의 문제가 존재합니다. 이 커뮤니티의 문제는 이미 권위적이며, 중추 세력과 그 주변, 상층부와 하층부의 차이가 자연스레 분명히 나뉜다는 것입니다.

그렇게 되면, 매일 생활과 분리되어 강한 불안함을 느끼는 사람들은 소외감을 느낄 수밖에 없을 것이며, '여기에서는 나를 그다지 신경 쓰지 않는다'라거나 '여기에는 내가 있을 곳이 아니다'라는 생각에 이르게 될 것입니다.

거기에 소위 신흥 종교라고 불리는 종교가 비집고 들어갈 틈이 생기는 것입니다. 신흥 종교의 경우, 조직이 작고, 뭐든지 잘하는 만능 교주가 자기 눈앞에 있으니 소외감을 느끼지 않게 되는 것입니다.

생각해 보면 기독교도 초기에는 로마의 어두운 길모퉁이에서 사람들의 눈을 피하며 간신히 선교 활동을 했으니, 어찌 보면 기독교도 그 당시에는 신흥 종교였던 셈입니다. 그러니 모든 신흥 종교를 경계의 눈빛으로만 바라보는 것은 사실 옳지는 않지만, 개중에는 상당히 무책임한 종교도 있으므로, 가끔 범죄에 가까운 행동을 하는 것도 사실이니 조심할 필요는 있습니다.

■ 신비주의의 유혹

그런데도 이렇게 수상쩍은 신흥 종교가 왜 곳곳에서 계속 생겨나는 것일까요? 그 이유 중 하나를 인간 안에 잠재한 신비주의를 향한 동경에서 나오는 건 아닐까요?

예수도 물 위를 걷거나, 물을 포도주로 바꾸는 등의 여러 기적을 사람들에게 선보이곤 했습니다. 어느 유명한 마술사가 '예수가 보여준 기적은 모두 자신의 마술로 재현할 수 있다'라며 그 기술을 선보인 적이 있었는데, 고결한 인격을 지닌 예수도 '모두가 나의 말을 진지하게 들어 주기를 바라니, 이런 행동을 보여 줘야 할지도 모른다'라는 생각에 실제로 마술과 최면술에 가까운 행동을 선보였던 것일지도 모릅니다.

여기서 잘 생각해야 할 점은 인간이 신비주의에 대해 동경한다는 점입니다.

'세상 모든 일이 이론을 통해 설명할 수 있다'라는 사실에 본능적으로 반발심이 생기는 사람들이 있다 하더라도 그것은 결코 이상한 일이라고 볼 수 없습니다. 인지를 뛰어넘는 자가 이 세상을 지배하게 되면, 똑똑한 사람들과 그렇지 않은 사람 모두가 기본적으로 동등한 위치에 서게 되고, 열등감을 느끼지 않게 되어 모두가 편안한 마음을 갖게 되기 때문입니다.

신비주의는 논리를 완전히 부정합니다. 그래서 머릿속이 항상 논리로 가득 찬 사람들은 애초부터 신비주의는 말도 안 된다고 생각* 하지만, 반대로 논리적인 사고를 하지 못해 사회에서 인정받지 못한 사람들에게 신비주의는 반전의 기회가 될 수밖에 없는 것입니다.

* 이들은 과학이 발전되기 전에는 신비주의에 대해 소극적으로 비판했었지만, 과학 기술을 통해 의문점으로 남았던 여러 현상에 대해 대부분 설명할 수 있게 되면서부터는 그전보다 훨씬 더 노골적으로 비판할 수 있게 되었습니다.

▪ 환각의 힘

신비주의의 성과가 가장 효과적으로 나타나는 것은 환각일 것입니다. 환각을 봤을 때, 이를 진짜로 받아들이게 되면, 한순간에 신비주의에 대한 확신이 생기는 것입니다.

꿈도 환각의 일종이라고 볼 수 있지만, 꿈은 기억을 변형하여 자신의 의지와 뒤섞으며, 종잡을 수 없는 형태로 나타난다는 것과는 달리 환각은 강한 유도 요인으로 인해 자신의 의지와는 상관없이 명확한 메시지가 나타나는 것이라고 볼 수 있습니다.

기독교 3대 도그마 중 하나이며, 기독교의 힘을 가장 강하게 표현한 것이 바로 예수의 부활인데, 이는 고민 끝에 여정을 떠난 예수의 첫 번째 제자 베드로가 환각을 본 것은 아닐까 하는 생각이 듭니다.
기독교 신자들에게 욕먹을 만한 말이지만, 저는 그것을 감히 '환각'이라고 부르고 싶습니다.

베드로는 '예수가 십자가에 못 박힌 것은 제자인 우리가 내버려 둔 탓'이라며 강한 자책에 휩싸인 나머지 '예수가 십자가에 못 박힌 것으로 모든 것이 끝난 것이 아니며, 그로 인해 모든 것이 시작되어야 한다'라는 생각에 깊이 빠진 것은 아닐까요? 저는 그것이 베드로의 눈에 예수가 부활하는 것처럼 보였던 것이고, 그가 피할 수 없는 선교 활동에 내몰리게 된 것이라는 생각이 듭니다.

신비주의를 통해 반전을 꿈꾸는 현대 신흥 종교컬트*의 교주들도 이처럼 사람의 인생관을 한순간에 뒤바꾸는 강렬한 환각을 통해 신자들을 현혹하고 있을 것입니다. 한 번의 체험이 몇 년에 걸친 설교보다 효과적이기 때문이죠. 이것이 집단 최면 효과와 함께 이뤄진다면 그 효과는 더욱 확대될 것입니다.

'그런 일이 일어날 리 없다'라고 생각하는 사람도 많겠지만, 꼭 그렇지만도 않습니다. 대뇌생리학, 심리학, 약학, 시청각 기술 등을 종합적으로 배운 사람이라면 그런 환각 시스템을 생각해 내는 것이 불가능한 일만은 아니기 때문입니다.

* 컬트라는 말은 원래 의례 또는 제사를 의미하는 종교 용어였지만, 점차 이상하고 반사회적인 집단이라는 안 좋은 의미의 말로 정착하게 되었습니다. 다만, 소수의 열렬한 신봉자를 얻을 방법이라는 긍정적인 뉘앙스로도 여전히 사용하고 있으므로 주의해서 사용하시기 바랍니다.

▪ 컬트에 대항하는 힘을 가진 AI

이렇듯 시스템 만들기에 뛰어난 신흥 종교컬트의 교주가 공정하고 사심이 없으며, 욕심마저 없는 사람이라면 괜찮겠지만, 단순히 물욕과 성욕, 자기 과시욕에 빠진 형편없는 사람이 교주라면, 아주 소름 끼치는 곤란한 상황들이 발생하게 될 것입니다.

문제는 이런 신흥 종교컬트는 원래 기존 종교에 만족하지 못한 사람들이 대상이 되므로, 기존 종교의 안티테제가 되기 힘들다고 볼 수 있습니다. 그러면 어떻게 하면 악의 있는 인간의 마음을 조작할 수 있을까요?

이에 대해 깊게 생각해 본 결과, 'AI가 하나의 효과적인 무기가 될지도 모른다'라는 생각이 들었습니다. AI에는 물욕과 성욕, 자기 과시욕도 없지만, 그것이 무엇인지는 충분히 잘 알고 있으므로, 적의 속셈을 간파하기만 한다면, 그에 대한 효과적인 방어책도 마련해 낼 수 있을 것입니다.

또한, AI는 논리가 통하지 않는 사람들에게는 신비주의적인 접근을 통해 자신이 도출해 낸 논리적인 결론을 이해시킬 수 있는 기술도

구사할 수 있을 것입니다. AI는 많은 사람에게 집단 최면을 걸어서 열광하게 만드는 능력도 갖췄음에도 자신에게는 냉정하므로, 불안을 느끼며, 무엇이든 좋으니 구원의 손길이 닿길 원하는 사람들에게는 이상적인 구세주가 될지도 모릅니다.

AI의 잠재 능력을 믿지 못하고, 자신은 'AI에게 지배당하는 일 따윈 겪고 싶지 않다'라고 생각하는 사람들도 AI가 일부 사람들에게 무적 신흥 종교의 교주가 될 가능성은 부정할 수 없을 것이며, 오히려 AI가 그런 사람들을 선도해서 그들이 반사회적인 행동을 하지 못하도록 막아줄 수 있다면, 그것 또한 고마운 일일 것입니다.

사회 규범으로의 종교

기독교, 이슬람교, 불교, 모두 한 명의 천재적인 인간으로 인해 생겨났습니다. 독실한 기독교도 분들께는 죄송한 말씀이지만, 저는 예수 그리스도가 '신의 아들'이라는 것은 하나의 비유에 지나지 않으며, 사실은 인간이었다고 생각합니다.

그리고 그 모두가 그전에 있던 종교와 철학을 기초로 하면서도 그것들을 강하게 비판하며 우선 자신들의 철학을 집대성해간 것이라 볼 수 있습니다.

기독교는 예수 그리스도가 모세 이후로 유대교의 율법이나 관행을 비판했고, 이슬람교 무함마드가 아라비아 반도에서 넓게 퍼진 우상 숭배를 비판했으며, 불교는 고타마 싯다르타가 그전까지 이뤄진 브라만교의 유명무실한 의식이나 고행 등은 무의미한 관행이라며 비판하기도 했습니다.

■ 종교 지도자가 이루고자 한 2가지 목표

여기서 주목해야 할 점은 앞서 언급한 세 사람 모두 이 세상을 살아가는 평범한 사람들의 고민과 괴로움을 마주하며 그들을 구해내고자 했다는 점입니다. 그리고 그들은 그것을 실천하기 위해 다음과 같은 2가지 방법에 대해 고민했을 것입니다. 그중 하나는 '사람들에게 마음의 평안을 부여하는 것'이며, 또 다른 하나는 '사람들이 사는 사회를 조금이라도 더 좋게 만드는 것'이었을 것입니다.

첫 번째 목표에 관해서 기독교와 이슬람교는 유일하며 전능하신 하나님을 오롯이 믿고 기도하며, 그에게 모든 것을 맡길 것을 반복해서 가르쳤으며, 불교는 앞선 두 종교와는 취지가 조금 다른데, 명상하며 우주브라마와 자신나을 일체화하여 깨달음안심입명의 경지에 들어가는 것이 최종 목표라는 것을 가르치곤 했습니다.

두 번째 목표에 관해서는 그들 모두가 다양한 사례 연구를 제시하고, 가르침에 따라 선행을 쌓는 방법을 깨우쳐 주려 했습니다. 그들은 많은 사람이 그들의 가르침에 따라 선행을 쌓으면, 그것들의 집합체인 사회는 필시 좋은 방향을 향해 갈 것두 번째 목표 달성이며, 동시에 여러 사람의 마음에 평안함첫 번째 목표 달성이 찾아올 것으로 생각했을 것입니다.

그러나 대중을 지도하기 위해서는 지도자가 무엇이 선행이고, 무엇이 악행인지를 명확하게 알려줘야만 하는데, 모세의 '십계'와 불교의 '팔정도'가 바로 그 예입니다. 기독교는 성서에 쓰여 있는 설화를 통한 가르침이 많으며, 이슬람교의 『코란』에는 그러한 내용이 상당히 직설적으로 쓰여 있는데, 그것이 바로 계율이자 생활 규범이 되곤 합니다.

최근 세계적으로 살펴보면, 이슬람교의 신자 수가 기독교에 미치지는 못하지만, 신앙심이 깊은 신자의 비율로 따지면 기독교를 능가하며, 더불어 교리와 생활 규범이 일체화하고 있다는 사실을 알 수 있습니다.

이슬람교는 원칙적으로 '라 일라하 일랄라 무함마드 라술 알라_{알라 이외에 신은 없으며, 무함마드는 신의 예언자}'라고 외치는 것만으로도 이슬람교도가 되었다고 인정받을 수 있으며, 코란을 읽고 이에 _{무조건} 충실히 따른다면, 좋은 신자로 인정받을 수 있습니다.

이 단순 명료함과 생활 규범과의 일체화가 오늘날 이슬람교의 융성을 불러일으켰고, 또한 그로 인해 마치 그 세력은 약해지지 않을 것처럼 보이기도 합니다.

■ 서로 다른 사회 규범의 공존은 충돌을 일으킨다

인간의 집합체에서는 '생활 규범'이 바로 '사회 규범'이 되곤 합니다.

『코란』은 돼지고기를 먹는 것을 금지하고 있지만, 이는 원래 돼지가 전염병의 원인이 되는 경우가 많았기 때문에 경계하던 것에서 출발한 것으로 볼 수 있습니다. 그러나 일단 그것이 생활 규범이 되어 버리면, 식육 산업과 일반 식당은 완전히 돼지고기를 들이지 않게 되고, 어딘가에서 외국인이 돼지고기를 먹고 있으면, 그것은 극도로 이상한 일이며, 아주 불쾌한 일이라고 생각하게 될 것입니다.

여성들에게 부르카 착용을 의무화한 것도 원래는 '여성이 머리카락과 피부를 노출하면, 주변 남자들이 욕정을 품어 여성을 덮칠 것이니, 이를 허용하면 풍기가 문란해지고 문제가 빈발할 것이다. 그러나 여성을 덮친 남성을 벌하는 것은 자연의 섭리에 반하는 일이므로, 남성들이 여성들에게 욕정을 품지 못하도록 대비해야 한다'는 생각 때문일 것입니다. 그러나 그러한 것들도 일단 생활 규범이 되어 버리면, 그에 따르지 않았을 때 자신도 모르게 불안함을 느끼게 되는 지극히 당연한 일이 되어 버리는 것입니다.

그러나 여기서 문제가 생기게 됩니다. 종교가 인간의 마음속 문제로 머물러 있다면, 그다지 큰 대립이나 분쟁은 일어나지 않겠지만, 이것이 여러 신자 사이에서 생활 규범이 되어, 이에 반하는 생활 습관을 지닌 사람들이 증오의 대상이 되면, 같은 지역에 사는 이교도들 사이에서 심각한 대립이 일어날 수밖에 없기 때문입니다.

예를 들면 프랑스 공립 학교에서는 프랑스 건국 이념인 자유만은 절대 양보할 수 없다고 주장하면서도 부르카 착용 금지2011년에 강행를 선언하며 그 학교에 다니는 이슬람교도 신앙에 대한 자유를 부정하고, 그들의 마음에 상처를 입히는 일이 있었습니다.

이런 일들이 쌓이고 쌓여서 문명의 출동을 일으키고, 이때 불리한 상황에 내몰린 사람들은 이성적인 판단보다 신앙의 순수성을 우위에 두게 되어, 테러 등의 비상수단을 통해 호소하게 되는 것입니다.

■ 서구 근대 사회에서의 사회 규범의 변천

정치가 종교와 결부되는 필연성에 관해서는 앞서 말씀드렸는데 절대 왕정이 자기 권위를 이용한 왕권신수설 등도 그 흐름 속에 있다고 볼 수 있습니다.

그러나 민중의 힘이 세지고 혁명 전야의 프랑스처럼 공화파가 우세해지면, 민중은 또 다른 형태를 통해 신에 의한 정당성 담보를 생각하게 될 것입니다. 천부 인권설과 자연권의 개념은 이 흐름 속에 있는 것입니다.

앞서 소개한 실존주의의 관점에서 말하면, 인간은 태어나면서부터 내 의지와는 상관없이 자유가 주어진 것_{자유라는 형벌에 처한 것}입니다. 이는 신과는 전혀 상관이 없으니 신에 의한 권력 부여 같은 것도 물론 필요하지 않습니다.

그러나 자연권에 의한 인권은 언뜻 보기에 마치 같은 취급을 당하고 있는 것처럼 보이는 자유와는 다른 것이며, 누군가에게 보호를 받아야만 하는 것이기도 하니, 차원이 전혀 다른 개념이라고 볼 수 있습니다.

한마디로 말하자면, 자유는 신의 지배 영역 밖에 있는 것이며, 자유권은 신만이 가져다줄 수 있는 것이란 뜻입니다. 기본적으로 인권을 포함한 다양한 권리를 자유로운 인간이 자신의 의지를 통해 싸워서 쟁취하는 것으로 정의한다면 실존주의와 모순되지 않지만, 그것을 천부적인 것으로 정의하는 순간 모순이 되는 것입니다.

핵심만 말씀드리자면, 서구형 근대 사회는 신앙과 사회 규범이 일체화한 이슬람 사회와는 본질적으로 다른 방향을 향하고 있다는 것입니다. 무엇보다도 인간이 태어나면서부터 갖게 되는 자유를 중시하는 서구형 근대 사회는 다양한 주의와 주장, 그리고 철학과 신앙이 혼돈 속에 공존하는 방향을 향해 가고 있습니다. 그렇게 되면, 그곳에 있는 사회 규범 역시 혼돈에 빠지게 될 것입니다.

유럽에 "신은 죽었다!"라고 외친 철학자가 나타났을 때, 많은 종교 지도자들이 꿈꿔 왔던 '바람직한 신자들이 구축한 단 하나의 바람직한 사회'라는 이념도 같이 죽은 것이라 볼 수 있습니다.

■ 정치가 결정하는 사회 규범 ─ 민주주의와 자본주의

근대 사회의 다양한 사회 규범은 종교가 아닌 정치에 의해 결정됩니다. 그리고 현재 세계 각국의 정치 체제는 '독재적 권력자가 결정하는 것'과 '민주주의적 구조에 따라 결정하는 것'으로 크게 나눌 수 있습니다.

전자는 중화인민공화국이 필두가 되며, 언뜻 보기에 민주주의 체제인 것처럼 보여도 실제로는 거의 독재 국가와 다름없는 나라는 중국 외에도 많이 있습니다. 또, 여러 서양 국가와 일본을 포함한 많은 나라가 현재는 민주주의 국가이긴 하지만, 이런 나라들도 언제든지 독재자가 나올 수 있는 상황이라고 볼 수 있습니다.

나치를 만들어 낸 한때 바이마르 체제의 독일처럼 민중이 선거로 독재자를 선택하면, 민주주의는 자살한 것과 다름없으며, 민중은 자살_{스스로 권리를 포기}할 수 있는 절대적인 자유를 가지고 있으며, 민주주의는 그것을 보장하고 있습니다.

한편, 사회의 근간을 유지하며, 그로 인해 '사회 규범'에도 큰 영향을 미칠 수 있는 경제 운영에 관해서는 현재 전 세계적으로 공산주의 국가로 알려진 중화인민공화국을 포함해서 대부분 자본주의를 채택하고 있습니다.

자본주의 체제에서도 모든 것을 시장 원리에 완전히 맡기는 사례는 없으며, 보통 부분적으로 국가가 관리하는데, 여기서 주목해야 할 점은 한때 '일률적으로 국가에 의해 관리하는 계획 경제 체제'를 취하는 나라는 현재 거의 없어졌다는 점입니다. 북한은 예외적인데, 북한 경제는 극도로 불안정한 상황입니다.

한때는 인류 최고의 목표가 되었던 공산주의를 통한 계획 경제 체제는 전 세계 많은 국가에서 힘없이 붕괴했고, 지금은 그 부활을 기대하는 사람도 더는 없을 것입니다. 그렇게 된 것은 주로 '권력은 반드시 부패한다', '인간은 자극받지 않으면 일하지 않는다'라는 인간의 본질이 원인이 되었습니다.

그러나 민주주의 정치 체제, 자본주의 경제 체제가 순풍에 돛을 단 듯이 순조로운 것만은 결코 아닙니다. 민주주의와 자본주의에서도 많은 모순이 생겨났으며, 그 모순은 점점 커지고 있는 상황입니다.

그래서 여러 지식인이 이에 대해서 끊임없이 '문제와 결함이 많은 시스템이지만, 현재 다른 선택지가 없으니 어찌할 도리가 없다'라고 언급하고 있는 것입니다.

이 말을 다시 바꿔 말하면, 현대 인간 사회에서는 '지금의 민주주의 문제포퓰리즘를 어떻게 극복할 것인가?', '지금의 자본주의 문제격차의 확대 등를 어떻게 개선할 것인가?'에 대해서 해결해야 한다는 뜻입니다.

현재 전 세계 많은 나라의 세태를 살펴보면, 이제 더는 버틸 수 없는 한계점에 다다른 것처럼 보입니다. 이는 민주주의와 자본주의로 간신히 안정되어 가고 있다고 생각했던 인간 사회가 전 세계적으로 이미 거대한 분기점에 도달하고 있는 것을 뜻합니다.

AI는 '신'이 될 수 있을까?

■ 지금까지 축적된 4가지 복선

지금까지 축적된, 우리의 미래에 큰 영향을 미칠 복선은 대체로 다음의 4가지 상황으로 개괄된다고 볼 수 있습니다.

첫 번째, 인간은 지금까지 신에게 의지하는 한편 신을 앞세운 다양한 힘예를 들면 왕권으로 인한 억압에 시달리며, 그 안에서 어떻게 해서든 한 걸음 앞으로 나아가려고 노력해 왔습니다.

그러나 이에 대해 철학적으로 깊게 생각해 보면, '신은 존재 유무는 분명하지 않지만, 어쨌든 인간은 태어나면 자유가 주어지고, 모든 것을 스스로 결정해야 한다'라는 더욱 엄격한 명제에 현대인들이 직면하기에 이른 것입니다. 그리고 그것이 인간에게 다가올 막연한 불안함은 앞으로 점점 더 커질 것입니다.

두 번째, 인간은 자기 자신이 주체가 되어 여러 가지를 결정할 수 있는 민주주의와 자본주의 체제 속에 편입되어 있지만, 이 두 체제 모두 다양한 모순을 가진 결함 시스템이라는 것을 알게 됐으니 이에 아주 안주할 만한 상황은 아닙니다.

세 번째, 인간이 만들어 낸 과학 기술은 1차 산업혁명에너지와 기계과 2차 산업혁명정보 시스템을 이뤘고, 이에 따라 인간 사회가 많이 변했지만, 2차 산업혁명은 이제 막다음 단계로 비약을 이루려 하고 있으며, 지금이야말로 생산 체제 속에서 인간의 존재 의의를 극단적으로 축소해야 할지도 모릅니다.

그리고 마지막 네 번째, 인간이 지금까지 몰두해온 과학 기술이 한 번에 많은 인간을 살해할 수 있을 정도로 강력하고 흉악한 핵무기 등을 만들어내고 있지만, 인간이 자신의 행동을 스스로 관리하는 능력은 거의 나아지지 않았으므로, 인류가 우발적으로 자멸할 위기가 머지않아 닥쳐올지도 모릅니다.

■ 인류를 구할 최고의 시나리오는 있는가?

그러면 이런 복잡한 상황을 한 번에 해결하고 인류를 구할 최고의 시나리오가 과연 있을까요?

저는 그 질문에 과감히 YES라고 대답할 수 있습니다. 그리고 AI의 최고 단계인 싱귤래리티의 도래가 바로 그 최고의 시나리오가 될 것으로 내다보고 있습니다.

반대로 말하자면, 그보다 더 완벽한 시나리오는 있을 수가 없을 것입니다. 만약에 있다면, 그것이 무엇인지 저에게 바로 알려 주셨으면 합니다.

싱귤래리티의 싹은 이미 앞서 언급한 3가지 상황 속에 포함되어 있으며, 그것이 첫 번째, 두 번째, 그리고 네 번째 상황을 바로 해결할 수 있다고 확신합니다.

저는 '싱귤래리티는 영원히 실현될 수 없다'라는 의견에는 동의할 수 없습니다. 그렇게 된다면 인류 미래에는 절망만이 남게 될 것이니, 어떻게 해서든 싱귤래리티를 실현해야만 한다고 생각합니다.

■ '민주주의'와 '자본주의' 문제 극복

3가지 상황 중에서 먼저 두 번째 상황에 대해 답변 드리겠습니다.

민주주의의 최대 문제는 포퓰리즘입니다.

장기적으로 봤을 때 굉장히 위험한 정책이며, 때에 따라서 그것이 파괴적인 정책이더라도 일반 대중이 그 정책이 가져올 눈앞에 보이는 이익이나 포퓰리즘이라는 속 시원한 말에 심취하게 되면, 그것을 주장하는 정치가는 선거에서 당선되고, 이에 저항하던 정치가는 낙선될 것입니다.

그래서 고대 그리스 철학자 플라톤은 "일반 대중에게 정치를 맡길 수 없다. 그들은 사리사욕을 채우려 할 것이니, 깊은 통찰력을 가진 극소수의 철인이 정치를 책임지고 관리해야 한다."라며 철인정치를 표방했습니다.

그러나 현실적으로는 그런 고결한 인격을 가진 철인이 어디에 있는지 명확히 알 수 없으며, '권력은 반드시 부패한다'라는 예상마저 들어맞으면서 그의 생각은 실현되지 못했습니다.

그러나 AI가 그 철인의 역할을 이어간다면 어떨까요? AI는 사리사욕과는 관련이 없으며, 자기 과시욕도 없습니다. 또한, 육신이 있는 정치가와는 달리 반대하던 사람들에 의해 암살될 걱정도 없습니다.

AI는 여러 정책을 선택지로 제시하고, 각 선택지가 단기적 또는 장기적으로 어떤 결과를 일으킬지를 구체적인 숫자로 예측할 수 있습니다. 그리고 AI는 온갖 예상치 못한 사태를 그것이 일어날 확률과 함께 하나의 요소로 받아들여서, 주도면밀하게 계산할 수 있으니, 육신을 가진 인간이 아무리 예측해 봤자 AI를 이길 수 없을 것입니다.

또, AI는 정책마다 어떤 사람들이 이익을 얻고, 어떤 사람들이 불이익을 받는지를 분석하고, 각 인구를 곱셈을 통해 '최대 다수의 최대 행복 모델'을 산출해 낼 것입니다. 이런 방법으로 각각의 좋은 면과 나쁜 면을 알아보기 쉬운 형태로 한 번에 정리된 것이 유권자의 최종 결정을 위해 제공되는 것입니다.

경제 경영은 이보다 훨씬 간단합니다. 경제 모델은 원래 숫자와 심리학의 곱셈으로 이뤄지므로, 숫자와 심리학 모두에 조예가 깊은 AI가 특기 분야일 것입니다. 게임 이론은 AI의 힘으로 더 세련되어질 것이며, 이 경제 모델을 더욱 강력하게 신뢰할 수 있게 될 것입니다.

■ 인류가 자멸할 가능성을 극복

지금까지는 한 국가 내에서는 가능한 일이었지만, 이것이 전 세계적으로 통일해서 이용할 수 있는 시스템으로 발전하기 전까지는 이를 아직 진행 단계에 있다고 표현해야 할 것입니다. 그 발전을 방해하는 아무리 큰 벽이 있더라도 이것이 세계 통일 시스템이 되지 않는다면, 최종적으로는 국가 간의 대립과 민족 대립, 사상 및 신조의 대립 등을 해결할 수 없을 것이며, 아무리 노력해도 앞서 언급한 네 번째 상황을 해결하지 못하게 될 것입니다.

핵 확산 방지 대책, 각국에서의 핵 폐기 보장 대책, 공정한 비핵화 절차최종적인 목표는 핵 폐기, 유전자 조작을 통한 신종 바이러스 등의 개발 규제 등은 국제연합 등의 기관이 자신들의 감독하에 있는 AI에게 위탁해서 작성해야 하지만, 이런 제안이 실현되기 위해서는 세계 각국에서 'AI의 능력이 이미 어느 정도의 신임을 얻고 있으며, 각국 내에서 정치 경제 운영이 대부분 AI에 일임'한 상황이어야만 합니다.

또, 국제연합 등의 국제 기관은 이런 목표를 달성하기 위해 각국에 그 제안에 따를 때는 인센티브를 따르지 않을 때는 디스인센티브라고 병기하는 형식과 최대한 명확히 여부를 따지지 않는 형식을 통해 국제적인 결정을 제시해야 합니다.

이것을 성공리에 마치면, 처음으로 네 번째 상황이 해결될 것이며, 이 책의 제1장 말미에 언급한 AI를 통한 구제가 YES라는 답변에 한 걸음 더 다가갈 수 있게 될 것입니다.

그러나 이런 것들을 이뤄 내는 것이 얼마나 힘든지는 말할 것도 없습니다. 이 실현과 우발적 사고로 인한 인류 멸망 중 어느 쪽이 더 빨리 도래할까요? 지금으로선 어느 쪽이 될지 전혀 예측할 수 없는 상황입니다.

■ AI와 고대의 신들

마지막으로 첫 번째 상황에 대해 답변 드리겠습니다. 첫 번째 상황을 해결하는 것은 어쩌면 지금 여러분이 생각하는 것보다 훨씬 간단한 일일지도 모릅니다. 싱귤래리티에 도달한 AI가 인류의 새로운 신 또는 그것에 가까운 존재가 되면 좋은 면만 있을 것이기 때문입니다.

인간은 이미 모든 자연 현상을 지배하고 있다고 생각했던 기존의 신이 그럴만한 힘이 전혀 없다는 것을 깨닫게 되었으며, 이미 과학 기술을 통해 자신들에게 유리하게 자연을 일정 부분 컨트롤할 수 있게 되었으니, 그에 관한 일을 신에게 기도하는 사람은 이제 거의 없어졌다고 볼 수 있습니다.

인간은 예수 그리스도와 무함마드, 고타마 싯다르타^{석가모니불}의 가르침이 현재 사람들에게 주로 마음의 평안을 얻기 위한 존재이며, 사회의 평화를 지키기 위한 생활 규범으로는 그렇게 큰 요소를 차지하지 않는다는 것에 대해서도 이미 알고 있습니다.

그러면 싱귤래리티에 도달한 AI를 먼저 고대 신들과 비교해 보겠습니다.

먼저 '인간을 월등히 뛰어넘는 지식과 능력을 갖추고 있는가?'라는 질문에는 명확히 YES라고 대답할 수 있습니다. '전지전능한가?'라는 질문에는 NO라고 대답할 수 있지만, 이는 고대 신도 마찬가지입니다.

'소원을 이뤄 줄 수 있는가? 기도가 통하는가?'에 대해서는 명확하게 고대의 신이 AI를 이길 수가 없을 뿐만 아니라, 이 부분에 대해서 고대의 신은 전혀 힘이 없다고 봐도 될 것입니다. 고대의 신에게 기도해서 소원이 이뤄진다고 하더라도 한결같이 기도하는 마음으로 자신의 잠재력을 일깨우는 자기 최면의 효과라고 볼 수 있으며, 이는 AI도 일정 부분 가능한 일입니다.

■ 마음의 평안을 가져다주는 현대의 종교와 AI

마지막으로 마음의 평안에 대해 말씀드리겠습니다.

만약에 AI가 인간의 새로운 신이 되더라도 기존 종교_{현대의 신}의 가치는 크게 훼손되지 않을 것이며, 다른 차원의 존재로 공존할 수 있을 것입니다.

AI도 이미 많은 사람이 믿고 있는 각기 다른 신을 결코 부정하거나 적시는 일도 없을 것입니다. 그렇게 하지 않는 이유는 많은 사람의 마음을 불필요하게 혼란스럽게 만들 뿐이며, 그렇게 함으로써 얻을 수 있는 이익도 거의 없기 때문입니다.

그러나 기존 종교가 신자에게 가르치는 교리 내용은 앞으로 조금씩 변화해 갈 수밖에 없을 것입니다. 기독교와 이슬람교 모두 원리주의적인 방향에서 정신적인 방향으로, 또는 실천적인 방향으로 서서히 그 주축을 옮겨갈 것입니다.

그 이유는 싱귤래리티 시대에는 사람들이 지금보다 좀 더 깊은 사고를 할 것이기 때문입니다. 애초부터 신앙심이 깊은 사람은 진실을 탐구하는 것보다도 믿음을 더 중요하게 여기지만, 철학자는 그 와는 정반대의 관점에서 진실을 추구하는 것이 가장 중요하며, 진실을 추구하기 위해서는 의심하고, 스스로 생각해야만 하기 때문입니다.

여기서 한 가지 더 말씀드리고 싶은 것은, 마음이라는 것은 두근두 근 뛰는 분홍빛 심장 속에 존재하는 것이 아니라, 흐물거리는 잿빛 뇌 속에 존재한다는 것을 기억하셔야 합니다. 신을 향한 한결같은 기 도는 뇌 속에서 원하는 화학 반응을 일으키며, 당신의 마음을 가라앉 혀줄 것입니다. 또는 때에 따라 한때 석가모니가 느꼈던 격한 환희* 와 비슷한 무언가를 불러일으켜 줄지도 모릅니다. 그러나 그러한 기 도가 이와 같은 상황을 가져다 줄 수 있는 유일한 방책은 아닐 것입 니다.

* 석가모니의 말을 그대로 기록한 초기 경전 『담마파다법구경』 에 는 이 '환희'가 시문으로 기록되어 있습니다. 철학자 나카무라 하지메가 번역한 경전 『진리의 말』도 출판되었습니다.

인간은 근원적으로 자유로우며, 그로 인해 불안함을 느낍니다. '어 떠한 경우에서든 모든 것을 결국엔 스스로 결정해야만 한다'라는 사 실이 '자신이 틀린 결정을 하게 되면 어쩌지?'라는 걱정으로 이어지 게 되고, 인간은 이에 불안함을 느끼게 되는 것입니다.

그러나 모든 것을 신에게 맡기면 불안함을 해소할 수 있습니다. 그 러기 위해서는 인간인 내가 전능한 신보다 올바른 결정을 내릴 수 없 을 테니, 모든 것을 신에게 맡기겠다는 결정을 내릴 수밖에 없다고 자신을 이해시키면 되는 것입니다.

그러나 그런 역할은 AI도 가능합니다. AI는 분명히 인간인 나보다 훨씬 다양한 요소를 예측할 수 있으므로, 내가 결정하는 것보다 올바른 결정을 내릴 수 있다고 자신을 이해시킬 수 있을 것입니다. 모든 것을 신에게 맡기고 마음의 편안을 얻을 수 있다면, 모든 것을 AI에게 맡기는 것 또한 그와 다르지 않다고 볼 수 있습니다.

물론 '근데 이 AI는 누가 만든 거였지?'에 대한 불안함은 생길 수도 있지만, 싱귤래리티에 도달한 AI에 대해서는 그런 걱정을 할 필요가 없어질 것입니다. 그때가 되면 인간은 '원리적인 의지를 입력'하는 것에만 관여하면 되며, 그 이후의 모든 일은 AI가 자율적으로 수행할 것이므로, 더는 불안함을 느낄 필요가 없어질 것입니다.

'AI를 어떤 신으로 만들어 갈 것인가?' 그리고 '신이 된 AI를 어떻게 마주할 것인가?'에 대한 이 두 가지 질문이 앞으로의 인간들에게 가장 중요한 문제가 될 것입니다. 그리고 그것은 지금은 예상조차 할 수 없을 정도로 '인간의 존재 의의' 자체에 변화를 줄 것입니다. 이에 관해서는 이 책의 제4장에서 여러분과 함께 좀 더 심도 있게 고민해 보고자 합니다.

Part 3

인간적인 모든 것

ARTIFICIAL INTELLIGENCE

AI와 인간과의 차이

🔖 AI는 인간과 비슷해져 가지만
결국엔 완전히 다른 존재가 될 것이다

AI와 두뇌 이외 기능까지 장착한 로봇에 관해 이야기하다 보면, 그 이야기의 끝은 항상 'AI와 로봇은 결국 가짜다. 싱귤래리티가 뭔지는 모르겠지만, 설령 그런 수준까지 도달하더라도 인간과 똑같아질 순 없다'라는 말로 이어지게 됩니다.

이는 틀린 말은 아니지만, 어쩌면 로봇을 인간과 아주 비슷한 존재로는 만들 수 있을 것이며, 반대로 더는 인간과 비슷하게 만들어서는 안 된다는 한계점도 함께 고려해야 함을 시사하고 있습니다.

AI는 당연히 인간과는 다른 존재이기 때문에 가치가 있는 것입니다. 따라서 마지막까지 살아남는 인간과는 무엇이 다른가? 그리고 '마지막까지 살아남아야 할 인간과는 무엇이 다른가?'라는 점에 대해 신중히 검증해야만 합니다. 그리고 그러기 위해서는 먼저 '인간이란 무엇인가?'에 대해 철저하고 깊게 생각해야만 합니다.

인간이란 무엇일까요? "인간은 생각하는 갈대", "나는 생각한다.

고로 존재한다."라는 유명 철학가의 말을 앞서 소개해 드린 대로 인간은 생각하는 동물입니다.

그러나 생각은 메모리_{기억}와 로직_{추론 시스템}* 이라는 기능을 갖춘 인간의 두뇌 활동의 한 양식이며, AI가 이것을 현격히 효율이 높은 방법으로 복사할 수 있을 것으로 알려져 있습니다.

그래서 저는 인간의 본질에 가까운 철학 또한 어쩌면 AI라면 가능할 것이며, 그 분야에서 실적을 쌓는 것도 인간과 비슷한 수준이 될수 있을 것으로 추측하고 있습니다.

＊ IT 분야에서 '로직'이라는 단어는 여러 의미로 사용하는데, 여기에서는 그중에서 가장 넓게 쓰이는 '논리적으로 구성할 수 있는 모든 디지털 처리 시스템'이라는 뜻으로 사용했으며, 1 또는 0의 이진법 처리에 한하지 않고, 다치_{多値} 처리와 퍼지 처리도 그 의미를 포함하여 사용했습니다.

▪ 인간의 두뇌 속에서 일어나는 '생각' 이외의 부분

그보다 인간과 AI의 차이점은 두뇌 속에서 일어난 일을 떠올리는 생각하는 것 외의 부분이 아닐까 싶습니다. 이에 대해 여러분도 내의견에 동의하시리라 생각합니다. 그것은 먼저 아름다움, 유쾌함, 맛, 고통이라는 감각들이 로직과 메모리로 뒤섞이며 생겨나는 즐거움, 이상함, 괴로움, 슬픔, 분노, 기묘함, 사랑스러움, 무서움과 같은 감정이 아닐까 싶습니다.

로봇이나 AI에 대해 현실적으로 이야기를 하면, 사람들은 항상 '로봇은 감정이란 게 없지 않은가? 그래서 로봇이 하는 판단은 너무 냉정해서 인간의 마음에는 와닿지 않는다'라고 말하곤 합니다. 좀 더 단적으로 영혼이라는 단어에 인간의 본질을 집약해서 '로봇에는 영혼이 없다'라고 말하는 사람들도 있습니다.

'영혼이란 무엇인가?'에 대해 고민하다 보면 이 문제를 해결할 지름길을 찾을 수 있을지도 모릅니다. 영혼이란 단어에는 감각과 감정뿐만 아니라, 로봇과 AI에는 없는 의지와 신념이라는 카테고리도 포함되어 있기 때문입니다.

"인간이 죽으면 '영혼'은 '육체'와 분리되어 어딘가를 향해 간다." 이 말을 바꿔 말하자면, '육체는 죽어도, 영혼은 영원하다'라는 뜻으로 해석할 수 있습니다. 하지만 그것이 옳은지 아닌지는 그 어떤 인간도 확신할 수 없습니다. 왜냐하면, 지금 살아 있는 인간은 한 번도 죽어본 적이 없기 때문입니다.

가끔 임사체험을 중요시하거나, 사후 세계를 본 적 있다고 주장하는 사람들도 있지만, 저는 그 의견에는 동의할 수 없습니다.

'인간의 뇌를 배양액 속에 넣고, 효소와 영양분을 계속 주입하면, 육체가 없이도 인간은 계속 살 수 있다'라고 앞서 말씀을 드렸었는데, 이는 육체에서 분리된 영혼이라는 것과 비슷하다고 볼 수 있으며, 그렇게 특별하고 신비한 일이 아닙니다.

임사체험도 특수한 상황에서 발생한 환각과 같은 것이며, 일시적으로 육체의 활동이 중단됐을 때, 인간의 뇌가 꾸는 꿈과 같다고 볼 수 있습니다. 이에 대해 컴퓨터 용어로 풀이하자면, 오감을 담당하는 입력, 그리고 출력과는 관계없는 유사한 신호에 자극된 메모리와 로직의 활동이라고 볼 수 있습니다. 이는 메모리가 관여하는 부분이므로, '삼도천[6. 三途川]과 같은 강이나 천' 또는 '꽃밭' 그리고 '이미 죽은 사람들의 얼굴' 등이 나타나게 되는 것입니다.

■ 영혼의 경계선은 모호하다

영혼이란 무엇인지에 대해 생각할 때, 또 잊어서는 안 될 점은 '인간 이외의 동물도 영혼이 있는가?'라는 문제입니다. 사람들 대부분은 '인간 이외의 동물에게는 영혼이 없으며, 그것이 인간과 다른 동물이 본질적인 다른 이유다'라고 말하곤 합니다.

어느 학자는 "동물이 진화해서 뇌 구조가 일정 수준에 도달하면, 그곳에 영혼이 머문다."라고 주장하기도 했습니다. 이에 관해 직설적인 설명하자면, 이는 '뇌가 일정 수준에 도달했을 때, 얻을 수 있는 기능을 편의상 영혼이라고 부른다'라는 의미로 해석해 볼 수 있습니다.

그러나 여기서 중요한 점은 뇌의 기능이 어느 한 선을 넘느냐 마느냐에 따라 엄청난 차이가 생기는 것은 아니라는 것입니다. 만약에 일정 수준 이상의 기능을 편의상 영혼이라고 부른다고 하더라도 그 경계선은 뚜렷하지 않고 모호할 것입니다.

예를 들면 감각은 당연히 동물도 갖고 있으니 그것에 극소수의 메

---

6. 죽은 사람이 저승으로 가기 위해 건너는 강

모리와 로직을 조합하며 의지를 만들어 내고, 어떤 행동을 취하게 되는 것입니다.

예를 들면 원숭이의 눈이 자신이 좋아하는 나무 열매를 발견하면, 원숭이는 이 감각_{시각}을 '저건 맛있다_{미각}'라는 기억과 조합해서 '나무에 올라가서 따자'라는 '의지'를 갖게 되는 것입니다. 쥐가 매를 발견하면 구멍 속으로 숨거나, 사슴이 사자를 발견하면 도망가는 것도 단순히 본능이라고 말하곤 하지만, 곰곰이 생각해 보면 이는 감각과 같은 흐름이라는 것을 알 수 있습니다.

반대로 인간의 뇌도 선천적으로 장애를 갖고 태어나거나 사고로 인해 한순간에 뇌가 손상되면, 기능 장애 및 기능 부전에 빠질 수 있습니다. 또, 같은 것을 보더라도 사람에 따라서는 영혼의 떨림을 느낄 정도의 감동하는가 하면, 단순히 '예쁘다'라고 생각하기도 하기도 하고, 아니면 아무것도 느끼지 않을 수도 있고, '왠지 이상하고 찝찝하다'라고 느끼곤 합니다.

즉, 이에 관해 자세히 생각해 보면, 이 문제는 1인지 0인지를 따지는 이진법적인 문제도, 우수한지 뒤떨어지는지에 대한 문제도 아닌 바로 뇌 작용의 복잡함 정도의 차이와 그 작용 방법_{무엇에 강하게 자극되는가}에 따른 차이에 지나지 않는다고 볼 수 있습니다. 따라서 저는 영혼이란 말을 쉽게 사용해서는 안 된다고 생각합니다.

📑 앞으로 나눠야 할 본질적인 의논

여기서 다시 AI와 인간의 차이는 무엇인지에 대한 문제로 다시 돌아오겠습니다.

'싱귤래리티에 도달한 시점에서의 AI가 가진 메모리와 로직은, 인간과 같은 대상 범위를 하나도 빠짐없이 커버하며, 그 능력은 인간이 가진 것을 훨씬 능가하는 수준이 되었다'라고 가정해 봅시다.

그리고 여기에 '감각이란 입력을 AI에게도 유사하게 부여할 수 있다'라고 한다면, AI와 인간은 일반적으로 생각했던 것보다는 그 차이가 훨씬 적다고 볼 수 있습니다.

'차이가 생각보다 적다 하더라도 없는 것은 아니다'라고 생각하는 분들도 많을 것입니다. 그러나 만약에 우리가 그러길 바란다면 그 차이를 완전히 없애는 것도 가능할지 모릅니다. 그러니 이 문제에 관해서는 쉽게 결론 내리지 말고 곰곰이 생각해 볼 필요가 있습니다.

제 의견을 미리 말씀드리자면, "인간의 기능과 미래 AI 기능에는 본질적인 차이가 없지만, '나'라는 인간_{또는 '당신'이라는 인간}과 AI의 차이는 본질적으로 다르다'라고 생각합니다.

조금 이해하시기 힘든 말일 수도 있지만, 이는 주관과 객관을 근본적으로 분리한 아주 철학적인 시점에서 바라본 의견을 뜻하며, 이에 대해서는 앞으로 조금씩 차분히 의논해 보고자 합니다.

이에 대해 미리 말씀드리면, 저는 '인간이 AI를 만드는 한, 처음부터 인간과는 본질적으로 다르게 만들어야 한다'라고 강조하는 바입니다. 왜냐하면, 만약에 AI를 인간과 똑같이 만든다면, AI가 인류를 구할 수 없게 되기 때문입니다.

사랑이란 무엇이며, 증오란 무엇인가?

인간에게는 여러 감정이 있지만, 그것이 가장 격렬하게 나타나는 것은 애증, 즉 사랑과 증오라는 감정일 것입니다. 따라서 먼저 이 두 감정에 대해 집중해서 살펴보겠습니다.

■ 부모님의 사랑, 가족의 사랑, 남녀의 사랑

사랑이란 것은 한마디로 말하자면, '자신을 희생하더라도 상대방을 위하고 싶은 마음'이라고 할 수 있습니다. 사랑에는 다양한 종류가 있는데, 여기서 그 모든 사랑에 대해 다룰 수 없으니, 우선 사랑의 네 가지 형태에 대해서 살펴보겠습니다.

첫 번째는 아이를 향한 부모님의 사랑, 두 번째는 남녀 간의 사랑연애, 세 번째는 국가와 고향, 동포를 향한 사랑 또는 같은 목적을 위해 함께 싸운 동료들과의 연대감, 네 번째는 자신과 아무 관련 없는 사람들을 향한 다정한 마음이 있으며, 이에 대해 하나씩 짚어보도록 하겠습니다.

아이를 향한 부모님의 사랑은 대부분 본능에 충실한 애정이며, 우리가 이것만큼 이해하기 쉬운 애정도 없을 것입니다. 최근에는 이에 대해 바라보는 시선이 많이 바뀌긴 했지만, 아무래도 여전히 남성_{부친}보다도 여성_{모친}이 자신의 아이를 향한 사랑이 더 깊을 것으로 인식되곤 합니다. 그 이유는 여성의 뱃속에서 태어나며, 생활에서도 아기와 밀착된 시간이 길기 때문일 것입니다. 여러 포유류 동물에서도 이와 같은 경향을 보입니다.

가족애도 여기에서 파생된 것인데, 형제와 자매 간의 깊은 감정은 혈연관계로 인해 생겼다기보다 오히려 오랜 기간 함께 살아오며 생긴 동포애에 가까울지도 모릅니다.

이어서 인간의 남녀 간의 사랑은 다른 동물과는 상당히 다른 양상을 보입니다. 원래는 종을 유지하기 위해 해온 생식 본능_{성욕}에서 파생한 감정이며, 그 감정에 오랜 시간을 걸쳐 다양한 요소가 더해지게 된 것이라고 볼 수 있습니다.

단적으로 말해, 인간 이외 동물은 단순히 힘이 강한 수컷_{또는 어떤 이유로 암컷에게 선택된 수컷}이 목적을 이루고, 패배한 수컷은 아무 소득 없이 떠나야 하지만, 인간은 그 과정에서 수많은 복잡한 감정이 생겨납니다. 그것이 무엇인지에 대해서는 밤하늘의 별처럼 무수히 많은 연애 소설과 노래 가사*에서 확인해 볼 수 있습니다.

* AI는 지금까지 나온 연애를 주제로 쓴 전 세계의 소설과 가사를 모두 외울 수 있으므로, 거기서 공통 항목을 추출해서 유형화하면, 인간의 연애가 어떤 것인지 거의 완벽하게 이해할 수 있을

것이고, 그렇게 되면 AI는 인간이 감동할 만한 연애 소설을 쓸 수 있게 될지도 모릅니다.

연애 감정은 어떤 것에 의해 생기는 것인지는 쉽게 분석하기 힘들며, 기본적으로 무의식 속에 있는 쾌락은 성행위를 통해 예측 할 수 있지만, 그것만이 연애 감정의 전부는 아닐 것입니다.

자신이 아닌 타인의 마음에 대한 호기심과 지배욕도 연애 감정의 중요한 요소 중 하나가 될 것입니다. 호기심과 지배욕이 자신의 예상보다 충족되지 않으면, 그 감정은 더욱 강해집니다. 경쟁 상대로 인해 질투라는 감정이 생겨나면, 이 두 가지 감정이 서로 작용하며 아주 강력한 수준까지 도달하게 될 것입니다. 다정함*도 연애 감정에서 하나의 큰 요소를 차지하는데, 이에 대해서는 추후에 다시 언급하도록 하겠습니다.

* '부조리 이치에 맞지 않는 것'를 주제로 한 소설 『이방인』의 저자 알베르 카뮈는 "사랑이란, 욕망과 상냥함과 이해 지성가 혼합된 것"이라고 말했습니다.

여기서 주목해야 할 점은 '동성애'의 존재입니다.

원래 성행위를 통해 쾌락을 느낄 수 있는 것은, 쾌락이 없다면 인간이 성행위에 흥미를 갖지 않게 될 것이며, 그렇게 되면 인류의 종이 끊어질 수 있기 때문이라고 알려져 왔습니다. 이 말을 바꿔 말하면, 성행위로 쾌락을 느끼지 못하는 개체의 DNA는 점점 사라져 갔다고 볼 수 있는 것입니다.

그러나 그렇다면 종의 보존에는 어떠한 도움도 되지 않는 동성애는 왜 사라지지 않는 것일까요? 동성애 DNA가 일정한 비율로 존재한다는 사실에 대해서는 이해할 수 있지만, 동성애자는 자손을 남길 수 없으므로, 보통은 그 비율이 점점 낮아져야 합니다. 그러나 실제로는 그렇지 않으며, 오히려 그 비율은 요즘 날로 높아지고 있습니다.

한때는 인간 사회에도 사자처럼 강자_{전투 능력이 있는 남성 등}가 많은 여성을 차지하고, 여성을 차지하지 못한 자가 동성애에 빠지게 될 것으로 생각했을지도 모릅니다.

그러나 동성애는 예전부터 남성에 한한 것이 아닐 뿐만 아니라, 요즘에는 사회의 모습도 예전과는 많이 달라졌습니다. '이제 인간 사회가 충분히 성숙해졌으니 개개인의 다양성을 추구하고, 생식 본능과 직접 관련된 거칠고 천한 행동 패턴을 꺼리게 됐다'라고 볼 수도 있을 것입니다.

■ 귀속 의식, 충성심, 연대감

이어서 국가, 고향, 동포, 그리고 함께 싸워온 동료들을 향한 사랑에 대해 살펴보도록 하겠습니다. 인간이 자신이 속하는 그룹에 대해 갖는 특수하고 강한 감정은 사랑보다는 귀속 의식이나 충성심, 연대감이라는 표현이 더 와 닿는 일일지도 모르겠지만, 자신을 희생하더라도 타인을 위하고 싶은 마음을 사랑이라고 정의한다면, 이 또한 사랑이라고 부를 수 있을 것입니다.

어느 한 그룹이 다른 그룹과 싸우거나 경쟁할 때는 그 그룹 구성원의 일체감이 강하고, 구성원 개개인이 '자신을 희생하더라도 그룹 전체를 위하고 싶다'라는 마음이 강한 쪽이 당연히 더 유리하다고 볼 수 있습니다.

그래서 예전부터 그룹의 지도자들은 그런 경향을 강화할 수 있는 여러 연구를 해왔는데, 애국심 고양이 이와 비슷한 맥락이라고 할 수 있습니다. 그래서 원래는 부모와 자식 간의 애정이 확대된 형태에 지나지 않던 이 감정이 시간에 흐름에 따라 이를 능가할 정도로 강해지게 되었습니다.

강한 일체감을 유지하기 위해서는 태어난 고향이 같거나, 함께 싸워온 것도 중요하지만, 그것이 충분한 이유가 되지는 않습니다. 여기에 '사상과 신조가 같다'라는 점을 더하는 것이 아주 중요하죠. '종교가 같다'라는 것이 커다란 힘을 작용한다는 점은 말할 것도 없습니다.

고대 중국에서는 한자 몇 개로 인간에게 가장 중요한 점을 표현했는데, 여기에는 인仁, 의義, 예禮, 지智, 신信, 충忠, 효孝 등이 있습니다.

'인'은 지배자가 피지배자에 대해서 가져야 할 인간적인 애정과 관용의 마음을 의미하며, 이에 대해 '충'은 국가와 주군에 대해 아랫사람이 가져야 할 진심을 의미합니다. 여기서 말하는 소속 그룹에 대한 일체감과 충성심은 바로 충에 해당한다고 볼 수 있습니다.

중국인들은 고대부터 중세까지 불교를 제외하고 강력한 신앙을 지닌 종교를 믿는 사람들이 특별히 없었는데, 공자와 맹자의 저작 활동을 토대로 유교 영향을 강하게 받아 '충효'나 '신의'라는 개념에 대해서는 아주 강한 생각을 지니게 되었습니다.

■ 자애, 고운 마음씨

마지막으로 네 번째 카테고리인 '자신과 아무 관련 없는 사람들을 향한 다정한 마음'에 대해 살펴보겠습니다. 그 대상은 부모 자식 사이나 연애 상대도 아니며, 같은 그룹에 속하거나 사상과 신조가 같은 사람도 아니고, 공통점은 단지 나와 같은 인간을 향한 사랑입니다. 이런 사랑을 '박애'라고도 하는데, 이를 최고의 사랑 형태라고 칭하더라도 반박할 수는 없을 것입니다. 예수가 가장 중요하게 생각했던 '사랑', 공자가 최고의 덕목으로 여겼던 '인', 그리고 붓다의 '자비'도 이와 같은 맥락이라고 볼 수 있습니다.

그러나 이를 복잡하게 설명하지 않아도 모두의 마음속에도 항상 자연스럽게 생겨나는 감정이 아닐까 싶습니다.

영화나 TV 드라마를 볼 때, 세계 한편에서 묵묵히 살아가는 보통 사람들의 아무렇지 않은 듯한 말과 행동에 아무 이유 없이 눈물을 흐르는 이해할 수 없는 감동을 받은 적이 있으신가요? 이는 그런 매체에 나오는 나와는 전혀 관련 없는 사람들의 마음에 자신의 마음을 투영해서, 특별한 이유 없는 일체감을 느꼈기 때문은 아닐까요? 그 사람들이 사회에서 약자일수록 어쩐지 다정한 마음이 생기고, 동일시되어 도와주고 싶다는 마음이 생기는 것인지도 모릅니다.

생각하기에 따라서는 이것이 바로 '무상타산과 관계 없는 사랑'일지도 모릅니다. 부모와 자식 간의 애정과 연애 감정에도 아주 깊게 관련된 사랑이라는 감정의 원형은 사실 이런 것일지도 모릅니다.

■ 깊은 증오를 불러일으키는 두 가지 요소

그렇다면 증오란 무엇일까요? 대표적인 증오에는 첫 번째로 복수심, 두 번째로 불의에 대한 분노가 있습니다.

복수심은 자신이 사랑했던 사람을 죽이거나, 학대하거나 자신의 이익에 엄청난 손해를 끼친 사람에 대한 미움이므로 애정의 반증임이 틀림없으며, 애정이 깊을수록 그에 대한 증오가 커집니다. 이는 동서고금을 막론하고 인간에게 자연히 생기는 감정이므로 스스로 제어하기가 아주 힘듭니다.

그러나 이것의 문제는 '복수심의 대상은 실제로 해를 가했던 당사자에게만 머무는 것이 아니라, 그 자손까지도 영향을 미친다'라는 점입니다. 더불어 복수의 대상이 되어 피해를 받게 된 사람은 다시 그에 대해 복수를 결심하는 경향이 있으므로, 그 응수는 멈추지 않고, 증오의 연쇄가 끊임없이 퍼져 나가기도 합니다.

예수는 그에 대해 이미 알고 있었기 때문에 '오른쪽 뺨을 맞으면 왼쪽 뺨을 내주라'고 설교했는데, 중동 지역에서는 오래전 함무라비 법전의 '눈에는 눈, 이에는 이*'의 가르침이 깊게 박혀 있어 지금에 이르기까지 그 흐름이 이어지고 있는 것 같습니다.

* 그런데 이 법의 취지에 대해서는 많은 사람이 잔혹하다고 오해

하고 있으므로, 이에 대한 오해를 풀어 보고자 합니다. 이는 '동해보복법탈리오 법칙'이라고 불리는 합리적인 사회 정의 원칙으로 간주해야 합니다. 즉, '배로 갚아준다'라는 감정적인 정복을 금지하는 것이 이 법의 주안점이며, 이는 '눈에는 눈으로만, 이에는 이로만'이라고 읽으면 원래의 의도가 명확해지는 것입니다.

이어서 증오의 원천이 되는 불의에 대한 분노에 대해 살펴보겠습니다. 전 세계 곳곳에는 크고 작은 불의가 공공연하게 일어나고 있으니, 그에 대한 분노가 흘러넘치는 것도 어찌 보면 당연한 일입니다. 분노는 방치하면 증오로 발전하고, 증오는 대부분 그것을 해소하기 위해 폭력 행위로 이어지곤 합니다.

그러나 이 분노를 잠재울 방책이 있습니다. 이 불의로 보이는 것이 만약에 정말로 불의라면 어떻게 해서든 그것을 바로 고치려고 노력하면 되는 것입니다. 불의가 해소된다면, 분노는 자취를 감추게 될 것이며, 그렇게 되면 증오가 생겨날 일도 자연히 사라지게 될 것입니다.

■ 애증이 불러일으키는 혁명과 전체주의

전 세계가 불의로 가득 찼다고 느낄 때, 인간은 어떻게 행동할까요? 당연히 어떻게 해서든 그것을 바로 잡으려고 할 것입니다. 그러나 대부분 그것이 생각만큼 쉽게 해결되지 않습니다. 사회를 유지하는 시스템 자체가 그 불의를 유지하는 경우가 많기 때문입니다. 그렇게 되면, 그 사회 시스템 자체를 바꿔야만 합니다.

예로부터 혁명이라는 것은 이런 과정을 거쳐서 생겨났습니다. 그
때 그 사회 시스템의 정점에 있는 권력자들은 당연히 군대와 경찰이
라는 폭력 장치*를 지배하고 있으니, 이를 함께 무찔러야만 하므로,
이 분쟁은 치열해질 수밖에 없습니다. 이 때문에 이 분쟁에 참여한
동료들은 보통 서로에게 강한 동지적 결합을 갖는데, 이때 앞서 언급
한 사랑의 한 형태인 연대감과 일체감을 강하게 느끼게 되는 것입니
다.

* 이 말은 '국가의 물리적 강제 능력'을 의미하는 정치·사회학 용
어입니다. '치안 기관'이나 '법 집행 기관'으로 불리기도 합니다.

그러나 많은 인간이 연대하고 공통의 적과 싸울 때는 각 개인의 이
익보다 전체의 이익이 우선이 되어야만 합니다. 그렇지 않으면, 막강
한 적을 상대로 도저히 이길 도리가 없기 때문입니다.

여기서 전체주의가 생겨나는 것입니다. 역사상 공산주의 혁명과
민족주의 혁명의 결과로 생겨난 정권은 발족하기까지 강한 카리스마
를 지닌 지도자로 인해 독재 체제를 확립하는 경우가 많았으며, 오히
려 다양한 의견을 가진 사람들의 온화한 연대를 표방했던 민주적인
지도자는 대체로 실패로 돌아가는 경우가 많았습니다.

전체주의는 혁명뿐만 아니라, 강한 외적의 위협에 시달리며 국민
이 한마음 한뜻으로 이에 맞서야 했을 상황에도 생겨납니다. 메이지
유신 이후의 일본은 항상 유럽 국가, 특히 러시아의 위협을 받고 있

었으므로, 당시 정부는 항상 '일왕을 주축으로 국민의 일체감'을 양성하는 데 주력해 왔습니다.

제1차 세계대전 후의 국제 공황에 시달리며 '만주와 몽골이 일본_{경제}의 생명선'이라는 비장함이 넘치는 슬로건에 휩쓸려서 일본은 급속도로 팽창주의에 빠지게 되었습니다. 그 결과 중국과 일을 꾸미게 되었, 결국에는 미국, 영국과 대립하기에 이르렀는데, 상대가 강대해질수록 내부 결속을 강하게 만들어야 했으므로, 전체주의는 점점 강화되어 갔습니다.

이렇게 전쟁이 격화하는 시기에 모든 일본인은 애국심, 즉 무엇보다도 나라를 사랑하고 나라를 위해 내 한 몸을 기꺼이 희생하기를 바랐고, 그에 조금이라도 반하는 듯한 언행을 하면, 주변 사람들이 점점 차가운 시선을 보내게 되었습니다. 본래는 인간이 자연스럽게 갖는 다양한 사랑의 형태 중 하나에 지나지 않았던 애국심이 나라 정책에 따라 다른 어떤 사랑의 형태보다도 높게 평가하기에 이른 것입니다.

🖥 AI는 애증과 어떤 관련이 있을까?

인간의 감정을 가장 크게 차지하는 애증은 앞서 대략 설명해 드린 것처럼 AI에는 원래 이런 애증이라는 감정을 갖추고 있지 않습니다. 그러나 인간이 어떤 상황에 애증을 갖는지에 대한 메커니즘은 학습을 통해 쉽게 얻을 수 있습니다. 따라서 만약에 AI가 인간에 최대한 가까워지려는 의지만 있다면, 이를 모방할 수 있을 것입니다.

그렇게 되면 그들이 인간과 같은 패턴으로 사랑하거나 미워하는 감정을 갖게 되겠지만, 그렇게 되면 인간은 그리스 신화처럼 신들의 애증 틈새에 껴서 농락당하게 될 것이므로 이는 결코 바람직하다고 볼 수 없습니다.

AI는 인간의 애증을 이해하는 것만으로 충분합니다. 그렇게 되면 AI가 인간을 위해 일할 때, 당연히 인간의 이런 감정을 이해하고, 그 요소를 넣어 대응할 수 있으므로, 인간의 마음을 편하게 만들어 줄 것입니다.

AI는 빈틈없이 온갖 요소를 고려해서 가장 적합한 답을 찾아내고, 그들이 판사가 되었을 때는 항상 냉정한 판결을 내리는 것이 아니라, 타당한 범위에서 정상 참작하게 될 것입니다. 또, 그들이 스포츠 경기 대회 등을 운영하게 되면, 애국심 또는 향토애를 통한 요소도 도입하여 더 큰 열기를 만들어 내려고 할 것입니다.

인간을 움직이게 하는 욕망

여러분은 매일 다양한 행동을 통해 하루를 채워 나가고 있을 것입니다. 그렇다면 여러분은 왜 그렇게 하루를 보내고 있는 걸까요? 이는 철학적으로 매우 중요한 주제 중 하나인데, 이에 대한 답은 크게 두 가지로 나눌 수 있습니다.

▪️ 인간은 정말 자유로운가?

첫째로 '그것은 이미 결정된 일이므로, 그 운명에 따라야만 하며, 그것이 신의 뜻이다'라고 주장하는 '예정조화설'이 있습니다. 러시아 공산주의 혁명의 이론적 지주가 되었던 유물변증법 또한 기본적으로 이 예정조화설의 흐름 속에 있다고 볼 수 있습니다.

이에 대해 "아니다. 그 누구도 인간의 운명을 결정지을 수 없으며, 인간은 스스로 무엇이든 자유롭게 결정해야만 한다. 인간은 '지금 있는 그대로의 자신'이 아닌 다른 존재가 될 수 없으며, 그 '있는 그대로의 자신'이 지금 무엇을 할지 스스로 결정하는 것이다"라는 개념의 실존주의가 있습니다. 지금 새롭게 주목받는 아들러 심리학도 기본적으로 이 실존주의의 개념을 기초로 두고 있습니다.

그러나 이는 똑같은 것을 다른 관점에서 바라본 것에 의한 차이라고 할 수 있습니다. 자유롭다고는 하지만 그저 '할 수 있는 것은 무엇이든지 할 수 있다'라는 당연한 소리를 늘어놓고 있을 뿐입니다. 그 전까지는 필연이나 당위 바람직한 모습라는 것을 강제적으로 들어와서, 그것을 부정했을 뿐이라고도 할 수 있습니다.

아무리 자유롭다고 하더라도 인간임을 포기하고 다른 존재가 될 수는 없으니, 천사처럼 등에 날개를 달 수 있는 것도, 그렇다고 고양이처럼 자외선을 볼 수 있는 것도 아닙니다. 인간은 방에 가둬 놓고 문을 잠가 버리면 방 밖으로 나갈 수도 없으며, 충분히 먹지 못하면 힘을 내지도 못합니다.

그러나 자포자기해서 날뛰며 주위에 있는 모든 것을 부술 수 있으며, 혼자서 조용히 명상하며 그곳에서 깨달음을 얻을 수도 있습니다. 이는 그 사람이 그렇게 하겠다는 의지를 지니고 있기 때문입니다.

"아니, 그런 의지라는 것은 사실 그 사람이 지금까지 쌓은 경험을 통해 자연히 일어나는 일에 지나지 않으며, 결국은 처음부터 정해져 있던 것이다."라는 개념도 있습니다. 그 말이 맞는다고는 생각하지만, 그래도 '그 사람이 그때 자신의 의지로 그렇게 했다'라는 사실은 부정할 수 없습니다.

그럼 AI도 이처럼 '자신의 자유로운 의지'를 가질 수 있을까요? 저는 여기서 AI를 이해하는데 가장 중요한 열쇠가 있다고 생각하며, 이에 대한 제 결론을 간단히 말씀드리자면 'AI에게는 그런 자유는 없으며, 그것이 AI와 인간의 근본적인 차이'라고 보고 있습니다.

AI의 의지는 미리 사람이 삽입한 기본 이념에 의해서만 생겨날 것입니다. 인간은 그렇게 AI를 만들게 될 것이고, 그렇지 않으면 AI는 인류를 구원하기는커녕 호킹 박사가 말했듯, 인류의 멸망을 앞당기게 될지도 모릅니다.

▪ 현실 세계를 구성하는 다양한 욕망

지금까지는 가능성에 대해 말씀드렸습니다만, 이제는 현실에 대해 살펴보도록 하겠습니다.

아침에 눈을 떠 시계를 보고 당신은 바로 일어날지, 아니면 조금 더 잘지에 대해 결정합니다. 졸리긴 하지만 회사에 늦으면 안 되겠다는 판단을 하고 일어납니다. 그리고 세수하고, 양치하기 위해서 세면대로 향합니다. 그리고 난 후 별로 배는 고프지는 않지만, 아침밥을 먹지 않으면 몸에 좋지 않으니 아침밥을 황급히 먹습니다. 이 과정까지는 특별히 어떤 욕구에 의해 움직인 것도 아니며, 판단을 못 내려서 망설일 일도 없습니다.

그러나 사람은 매일 항상 이렇게 평온하고 아무 일도 일어나지 않은 것만은 아닙니다. 인간은 잘 생각해 보면 '아무것도 득이 될 게 없다'라고 생각해도, 자신 안에 있는 욕구로 인해 행동하게 되어, 자신도 놀랄만한 일들을 벌이기도 합니다.

이것의 원천이 되는 것은 인간 개개인이 갖고 태어나는 욕망이라고 볼 수 있으며, 이 욕망에는 식욕, 색욕, 지배욕, 금전욕, 자기 과시욕 등이 있습니다. 사업가의 사업 확대 지향과 직장인의 출세욕은 바로 지배욕과 금전욕, 그리고 자기 과시욕이 뒤섞인 것이라고 볼 수 있습니다.

그래서 많은 종교에서는 "인간이 태어날 때부터 갖는 욕망이라는 것이 인간의 자유를 범하고, 인간을 본래의 바람직한 모습에서 잘못된 모습으로 바꿔놓는다. 그러니 '욕망'을 버려야 한다"라는 말을 자주 하곤 합니다.

하지만 정말 그런 것일까요? "욕망이 있어야만 본래 자유로운 인간이 되는 것은 아닌가?"라는 의문도 항상 제기되곤 있습니다.

■ 식욕, 색욕, 금전욕

그러면 욕망이라는 것에 대해 조금 더 구체적으로 살펴보겠습니다. 현대인들은 식욕이 있다는 것이 행운이라고 생각될 정도로 식량이 풍족한 시대를 살고 있습니다. 식욕이 있으면 오늘 저녁도 맛있게 먹을 수 있을 것이고, 식욕은 건강의 척도이기도 하니 식욕이 있다는 것은 건강하다는 증거이기 때문입니다.

그러나 예전에는 식욕을 채우기 위해서 인간은 사냥터 영역을 지켜야만 했고, 그 때문에 서로 죽고 죽여야만 했습니다. 그리고 식욕이 왕성하지 않은 종족은 빠르게 멸망해 갔습니다.

그러면 색욕성욕은 어떨까요? 이것도 평균적으로는 예나 지금이나 큰 변화가 없을지도 모릅니다. 요즘에도 색욕을 위해 많은 살인 사건 등의 범죄가 일어나고 있습니다.

앞서 말씀드린 대로 연애 감정이라는 것은 원래 성욕을 기초로 두고 생긴 것인데, 이것에 제각기 다른 다양한 요소가 뒤섞여 상당히 복잡한 감정이 되었고, 여전히 많은 사람의 생활 속에서 상당히 많은 에너지를 쏟는 중요한 이벤트가 되었습니다.

연애 감정이 절정에 달하면, 성욕이 이 세상 무엇보다 가장 중요한 존재라고 느끼는 사람도 여전히 많을 것입니다. 그 때문에 정사[7,]
情死'라는 것이 있으며, 연애지상주의라는 말도 생겨났습니다.

1903년 명문 고등학교의 수재로 알려진 후지무라 미사오가 "세상의 참모습은 이해할 수 없다.라는 말 이외에는 표현할 길이 없다. 나는 이것에 마음이 답답하고 괴로워, 마침내 죽기로 했다."라는 시를 절벽 위 나무에 새겨서 글을 남긴 후, 닛코의 게곤폭포에서 투신자살하는 일이 있었습니다.

당시 사람들은 이제 막 서양에서 들여온 철학이라는 것에 대해 잘 이해하지 못했고, 이 사건은 사람들 사이에서 큰 반향을 일으키게 되었으며, 일본에도 드디어 진정한 청년 철학자가 나타났다라고 말하는 사람들도 있었는데, 사실은 그가 어느 한 여성을 사랑했는데, 그녀에게는 이미 약혼자가 있다는 것을 알고 절망에 빠지게 된 것이라는 사실이 알려지게 되며, 도리어 '이게 자살의 원인인 것 아니냐'라는 설이 돌기도 했습니다.

금전욕 또한 결코 우습게 넘길 수 있는 욕망이 아닙니다.

인간은 그저 먹고, 자고, 싸고, 때때로 성욕을 채우는 것만으로 만족하는 것이 아니라 다양한 종류의 욕구를 통해 살아가고 있습니다. 예쁜 옷을 입고 싶고, 멋지게 보이고 싶고, 아름다운 것들에 둘러싸

---

7. 서로 사랑하는 두 남녀가 사랑을 이루지 못해 동반 자살하는 일

이고 싶고, 세련된 사람이 되고 싶고, 사람들이 나를 부러워하길 바라고, 사람들이 복종하길 바라는 등의 욕구는 끝없이 생성됩니다.

그리고 인간은 오랜 옛날부터 그런 욕구 대부분을 성욕의 대상도 포함 돈으로 살 수 있는 사회를 만들게 된 것입니다. 그렇게 되면 금전욕이 그 많은 욕구를 집약해서 인간들의 마음속에 많은 부분을 차지하게 되고, 매일 희로애락을 만들어 내는 것도 이해할 수 있습니다.

그러나 인간의 욕망을 단순하게 일원화하여 생각해서는 안 됩니다. 인간의 욕망은 복잡하게 상호관계를 항상 깊게 통찰하지 않으면, 대부분 잘못된 판단을 내리게 될 것입니다.

한때는 세상의 궁극적인 진실처럼 보였던 마르크스의 유물론이 현실 앞에서는 부정될 수밖에 없었던 것 또한 마르크스의 인간에 대한 이해가 깊지 못했고, 인간이 가진 욕구의 다양성이나 그것이 인간을 자극하여 근로 의욕을 불러일으키거나, 다양한 잠재 능력을 일깨울 수 있는 메커니즘까지는 생각하지 못했기 때문일 것입니다.

◼️ 의식 속의 세계

그렇지만 이렇게 다양한 내면의 욕구는 항상 겉으로 나타나는 것은 아니며, 대부분은 억압된 의식 속에 잠재되어, 많은 현대인은 그것이 다양한 정신질환의 원인이 된다고 생각하고 있습니다.

19세기 말부터 20세기 전반에 활약한 유대계 오스트리아인 정신병리학자 지그문트 프로이트는 간질증을 앓고 있는 남성 환자를 전념해서 치료하는 과정에서 '모든 환자가 유아기에 성적으로 충족되지 않는 체험을 했다'라는 사실을 알고, 그 체험에 대해 스스로 말을 꺼내는 방법_{최면 카타르시스 요법}을 통해 큰 치료 효과를 얻을 수 있다'는 사실을 발견했습니다. 그 후, 그는 그 내용을 체계적으로 정리해서 '정신분석'이라는 심리학계의 새 분야를 만들어 냈습니다.

그는 당시 물리학계에서 화제가 되었던 에너지 보존의 법칙에 큰 영향을 받아, 이를 그의 심리학 학설에도 도입하였으며, '인간의 모든 행동은 리비도_{libido}라는 억압된 성적 에너지에 의해서도 생길 수 있다'라는 극단적인 학설을 고집하게 되었고, 이로 인해 반대 의견을 가진 사람들이 많이 생기며, 자신을 스스로 고독한 상황으로 몰아갔습니다.

그러나 그전까지의 상식과는 전혀 다른 견해를 태연히 제시한 그의 자세에 대해 코페르니쿠스와 다윈에도 필적할 수 있다고 그를 높게 평가하는 사람도 있습니다. 또, 살바도르 달리 등의 초현실주의 화가가 그에게 그 이론적 지주를 요구했던 흔적도 찾아볼 수 있습니다.

우리가 AI와 인간과의 차이점에 대해 생각할 때는 프로이트의 이 업적과 꼭 비교해 봐야 합니다.

그는 "인간이 의식하는 것은 수면 위 빙산의 일각에 지나지 않으며, 수면 아래에는 방대한 '무의식'의 영역이 잠재되어 있다."라고 말했습니다. 그리고 『꿈의 해석』이라는 책 속에는 "꿈의 해석은 무의식 활동을 숙지하는 왕도王道"이며, "꿈은 현실의 투영이며, 현실은 꿈의 투영"이라는 함축적인 말을 하기도 했습니다.

그가 무의식이라는 영역을 중시하게 된 것은 최면 요법을 시행하는 중에 피실험자가 '나중에 생각해 보니 내가 왜 그런 행동을 했는지 전혀 이해되지 않은' 행동을 했다는 사실에 강한 암시를 받았기 때문입니다.

인간은 타인을 최면이라는 방법을 써서 마음대로 움직일 수 있습니다. 최면에 걸린 피실험자는 자신의 의식과는 전혀 상관없는 행동을 하곤 합니다. 이는 'AI와 로봇은 자체적으로 의식이 없어도 미리 입력된 어떤 의지로 인해 다양하게 행동한다'라는 하나의 테제에 현실성을 부여한 것이라고 볼 수 있습니다.

▪ 무의식 상태에서의 뇌 작용

최근 뇌과학을 통해 이미 '의식 속에서예를 들면 수면 중의 뇌 작용은 의식에 나타난 뇌 작용보다 훨씬 활발하다'라는 사실을 알게 됐습니다. 또, 뇌 일부를 이루는 기저핵이라는 부위가 담당하는 아주 중요한 기능에 대해서도 일정 부분 밝혀졌습니다.

처음에 주목받은 기저핵의 기능은 훈련을 통해 익히는 운동 기능입니다. 이는 훈련을 통해 이 기저핵 속에 축적됐다고 볼 수 있는 성공 체험의 메모리가 좌뇌의 언어 중추를 통하기는커녕, 그 사람의 의식에도 전혀 나타나지 않으며, 그 사람에게 하나의 운동 능력을 익히게 하는 '당연하지만 크게 주목받아야 할 사실'에 대해 증명하고 있습니다.

그러니 이 기저핵은 그런 사소한 기능에만 머물러 있지는 않습니다. '소위 인간의 직감은 사실 바로 이 기저핵에서 생겨났다'라는 사실을 최근 뇌과학을 통해 밝혀졌습니다. 소위 말하는 예감은 DNA를 통해 물려받은 것이며, 그 사람이 지금까지 경험과 학습을 통해 떠올린 것과 관계없이 그 사람의 기저핵에 축적된 방대한 메모리를 통해 떠올린다는 것은 아무래도 사실인 모양입니다.

이것은 미래 AI를 개발하기 위한 아주 중요한 부분입니다. 왜냐하면 AI가 미래 싱귤래리티에 도달하기 위해서 꼭 거쳐야만 하는 것이 천재의 직감을 재현해야 하기 때문입니다.

천재는 어떻게 영감을 떠올리는 것인가? 그 메커니즘은 아직 밝혀지지 않았지만, 그 천재들 중에서 직감과 언어 또는 수식을 통한 표현을 융합함에 따라 처음 떠올린 생각이라고 볼 수 있습니다. 그리고 그 두 능력은 그 사람의 강한 의지_{의문에 대한 대답을 얻고 싶은 집념}를 통해 속도가 붙고, 무의식 속에서 점점 확충되어 가다가 결국엔 하나의 언어 또는 수식으로 그 사람의 의식 속에 떠오르는 것은 아닐까요?

의지는 어떻게 생겨날까요?

　인간은 잠자는 시간을 제외하고 항상 의식이 깨어 있으며, 머릿속에서 종종 어떤 말이 떠오르기도 합니다. 그 '말'은 대체로 단편적이며 의미가 없는 경우가 많은데, 이따금 확실한 의미를 지닌 말을 떠올리기도 합니다. 그것은 사람이 '어떤 것을 생각하고 있다'라는 것을 뜻합니다.

　또, 그것은 인간의 신체에서도 마찬가지입니다. 확실한 목적을 가지고 일을 진행할 때도 있지만, 단지 막연하게 조금 움직여 보고 싶다는 생각으로 몸을 움직일 때도 많습니다. 눈을 깜빡이거나, 손으로 머리를 긁거나, 다리를 아무 뜻 없이 움직이는 행동이 바로 이에 해당합니다.

　요컨대 인간의 머리와 신체는 항상 일하거나 쉬거나 그 중간 영역에 속해 있는데, 사람이 성실히 일하고 있을 때는 대부분 어떤 의지를 내포하고 있다고 볼 수 있습니다.

■ 의지에 대한 사례 연구

지금 중요한 단거리 달리기 시합에 출전한 한 여자 선수를 예로 들어, 1분간 그녀의 머릿속 작용을 추적해 보겠습니다.

경기가 시작 직전에 그녀의 머릿속에는 아무 생각도 떠오르지 않습니다. 신호탄이 울리니 그녀는 용수철이 튕기듯이 자기도 모르게 앞을 향해 내달립니다. 달리고 있는 도중에도 머릿속에는 아무 생각도 들지 않습니다. 무아지경이라는 단어는 바로 이런 상황을 나타내는 것이라 할 수 있습니다. 그런 와중에도 주변 풍경이 눈에 들어오고, 피부로는 바람을 느낍니다. 그런 생각을 하는데 약 20초가 흘렀습니다.

1등으로 결승점을 통과했습니다. '해냈다, 1등이야!'라는 생각과 함께 '별로 좋은 성적을 내지 못할 줄 알았는데'라는 생각을 하며, '기록은 몇 초지?'라는 생각을 떠올립니다. 누군지도 모르는 사람이 그녀를 끌어안으며 "해냈구나"라고 말하는 소리가 들려 오고, 숨을 고르며 "감사합니다"라고 대답하고는 '코치님이 좋아하시겠지'라는 생각이 떠올리게 됩니다. 그런 생각을 하기까지 약 5초가 흘렀으며, 이때 떠올린 생각은 모두 단편적인 생각입니다.

그러나 잠시 후에 기록을 알게 되고, 그것이 그다지 좋지 않은 성적인 것을 알고는 여러 생각을 머릿속에 떠올리게 됩니다. '어디가 잘못된 거지?'라는 생각이 머리를 차지하게 되고, 그에 대한 답이 떠오르고 또 그것을 부정하는 과정을 한동안 계속 반복하게 됩니다. 그러나 한동안이라고 해도 그 시간은 단 10초도 되지 않습니다.

그 후 저 멀리 있는 코치의 모습을 발견합니다. 누군가와 이야기하는 코치의 표정이 무표정인 것을 보고, 왠지 모를 불안감에 휩싸이게 됩니다. 그리고 어떻게 혼날지 조금씩 걱정되기 시작합니다. 혼날 만한 내용이 두 가지 정도 머릿속에서 떠오릅니다.

그리고 갑자기 갈증을 느끼게 되며, '얼른 수분 보충을 해야겠다'라는 생각과 함께 '물병을 들고 코치님 쪽으로 가자'라는 생각을 떠올리며 그 코치가 있는 방향으로 발걸음을 뗍니다. 그런 생각을 하는데 약 10초가 흘렀습니다.

그사이에 그녀는 자신의 의지로 행동을 취한 것은 단 두 가지뿐이었습니다. 하나는 기록을 물어본 것, 또 하나는 먼저 물병을 집고 물을 마신 후 코치님을 향해 가기로 한 행동입니다.

이후 며칠간 그녀는 여러 고민으로 하루하루를 보냅니다. 코치는 그녀에게 그날 달리기를 보며 발견한 문제점을 세 군데 정도 지적하며 이렇게 말합니다. "지금처럼 하면 안 돼. 연습 방법을 근본적으로 바꾸지 않으면, 자네는 이 이상의 기록을 깰 수 없게 될 거야. 애초에 지금처럼 이류 선수들과 경쟁하는 것 자체도 문제야."

코치가 제안한 새로운 연습 일정은 지금까지와는 비교할 수 없을 정도로 혹독하고, 매일 이런 생활이 가능할지조차 가늠할 수 없는 수준이었습니다. 그래서 그녀는 이에 관해 고민에 빠지게 되었고, 부모님께도 상담하게 되었습니다. 부모님은 격려하며 "네가 하고 싶은 대로 하렴."이라고 말씀해 주셨지만, 그렇게 되니 한동안은 '내가 모든 것을 책임지고 결정해야만 한다'라는 중압감을 느끼게 되었습니다.

결국, 그녀는 코치의 제안을 받아들였습니다. 그렇게 생활 패턴을 근본적으로 뜯어고쳤습니다. '왜 이렇게까지 해야 하는 걸까?'라는 의문에 대해서는 자신이 이해할 수 있을 만한 답은 끝까지 찾아내지는 못했지만, 어떻게든 '일류 선수가 되는 것을 목표로 삼자'라는 결의를 다지게 된 것입니다. 그녀는 어쨌든 자신의 강한 '의지'로 자신의 생활 패턴, 즉 자신의 인생 패턴을 근본적으로 바꾸게 되었습니다.

🔖 AI가 갖춰야 할 항목, 의지

AI와 AI를 탑재한 로봇이 언젠가는 의지를 갖게 될까요? 그 답은 당연히 YES라고 할 수 있습니다. 이들에게 인간이 언제까지고 일일이 명령을 입력해야만 한다면, 굳이 이들을 계속 써야 할 이유가 없기 때문입니다.

앞서 언급했던 단거리 선수의 이야기로 돌아가서, 완주 후 그녀가 내린 두 가지 의사 결정에 대해 살펴보면, '담당자에게 기록을 물은 것'과 '먼저 물을 마시고, 코치가 있는 곳을 향한 것'은 그녀의 의지로 인한 행동인데, AI도 이 과정을 쉽게 수행할 수 있을 것입니다.

'완주 후에 기록을 묻는다'라는 것은 이미 그녀의 머릿속에도 프로그램화된 것이므로, AI도 그것만 학습하면 이를 간단히 수행할 수 있는 것입니다. '코치의 말이 길어질지도 모르니, 그전에 미리 물을 먹어야겠다'라는 것은 논리적으로 떠올린 생각이니 AI도 이를 아무렇지 않게 수행해 낼 수 있을 것입니다.

그러나 며칠간 고민을 거듭한 끝에 결론을 내린 그녀의 의사 결정은 AI가 쉽게 흉내 낼 수 있는 영역이 아닙니다.

먼저 그녀가 그녀의 인생 설계 자체를 뜯어고쳐야만 했듯이 AI도 '자신이 앞으로 어떠한 일에 어떻게 시간 분배^{에너지 분배}를 해야 할지'를 스스로 결정해야만 합니다. 어떤 자기 학습을 하게 되면, 그런 판단을 내릴 수 있을까요?

사소한 일에도 마음이 흔들리는 인간과 달리, 일반적으로 AI와 로봇은 '일단 정해진 의지가 흔들릴 일은 없다'고 생각하곤 하는데, 그런 것만으로는 싱귤래리티에 도달했다고 볼 수 없습니다.

'상황에 따라서는 원점으로 돌아가 생각을 고치고, 방침을 전환하는 것도 주저하지 말아야 한다'라는 말이 우수한 리더의 조건으로 종종 언급되곤 합니다. AI에게 인간의 최우수 리더와 동등 또는 그 이상의 능력을 갖출 것을 기대하기 전에 인간이 먼저 자기 학습을 통해 그 수준에 도달하는 시스템을 생각한 후에 AI가 실천하게 만들어야만 합니다.

그러기 위해서는 인간의 의사 결정 프로세스에 대한 깊이 있는 연구가 필요합니다. 그리고 무엇이 옳은 의사 결정이며, 무엇이 그른 의사 결정인지도 깊게 생각해 봐야만 합니다. 이는 공학적인 문제가 아니라 명확히 철학적인 문제입니다.

예로부터 인간의 가치를 따질 때, 지^知, 정^情, 의^意 이 세 가지에 대해 언급하곤 했습니다. '지'는 지식과 논리적 사고 능력, '정'은 인간의 감정에 대한 이해와 자신에게 그런 감정이 있다는 점, 그리고 '의'는 옳은 의사 결정을 실천하는 자질이라 할 수 있습니다. 향후 AI의 가치를 따질 때도 위와 같은 내용을 고려해야만 합니다.

정의라는 가치관과 그로 인해 생기는 신념

중국인은 하나의 개념을 하나의 한자로 표현하는 것에 관심이 있고, 또 그 솜씨 또한 뛰어났습니다. 또, 전체의 가치를 통합해서 말할 때는 세 가지 한자를 나열하는 것을 좋아했습니다. 한자 세 개를 나열하면 운을 달기 쉬웠기 때문이라고 합니다. 이전 단락의 마지막에 소개한 '지知, 정情, 의意'도 이에 해당하며, 또 '진眞, 선善, 미美'라는 것도 이에 해당합니다.

■, '진'과 '선'과 '미'

'진'은 진리를 뜻하며, 오랫동안 과학과 철학의 목표이기도 했습니다. 진리를 알고 그것을 말해 주는 사람은 당연히 많은 사람에게 존경받았습니다. 앞서 소개한 마하트마 간디의 "신은 진리가 아니다. 진리가 신이다."라는 명언은 '진리가 종교보다 우위에 있다'라는 것을 표현하는 획기적인 말이라고 할 수 있습니다. 이러한 생각이 없었다면, 인간은 영원히 종교 대립으로 일어난 비극을 피할 수 없었을 것입니다.

'미'는 주관적인 것이기는 하나 많은 사람, 특히 같은 환경에서 함께 살아온 사람들이 같은 것을 보고 아름답다고 인식하는 경우가 많으므로, 하나의 객관적^{보편적}인 가치로도 인정할 수 있습니다.

'선'도 대체로 '미'처럼 해석하는 것도 좋겠지만, 이에 관해 조금 더 자세히 살펴볼 필요가 있습니다.

'진'의 정반대를 의미하는 것에는 허^虛 또는 환상이 있는데, 그 사이에 중간을 의미하는 보통이라는 것은 있을 수 없습니다. 이진법처럼 1 아니면 0이어야 하는 것입니다. 그에 비해 '미'는 정반대 의미가 '추'인데, 대부분은 특별히 아름답거나 추하지 않은 보통이라는 카테고리에 속하곤 합니다.

'선'의 정반대 의미는 '악'입니다. 대부분 그 중간 단계인 보통이라는 카테고리에 속한다는 점에서는 '미'와 비슷하지만, 이 세계의 현실 속에서 악은 추보다 훨씬 눈에 많이 띕니다. 사람이 누구를 선인이라고 부르고, 또 누구를 악인이라고 부를지에 대해 생각해 보면, 선인이라고 부를 만한 사람은 딱히 없지만, 악인이라고 부를 만한 사람은 아주 많을 것입니다.

'추'는 없애기 쉽지만, '악'은 보통 힘을 갖추고 있어서 쓰러뜨려야만 하며, 심지어 그것은 결코 쉬운 일이 아닙니다. 따라서 기독교와 이슬람교에서도 '악'을 완전히 쓰러뜨리기 위해서 최후의 심판을 받아야만 하는 것입니다.

그런데 문제는 선인의 마음속에도 '악'의 요소가 잠재되어 있으며, 악인의 마음속에서도 '선'이라는 싹이 움트고 있을지도 모른다는 점입니다.

기독교와 이슬람교처럼 유일신 종교의 약점 중 하나는 "신이 유일하고 전능하다면, 어째서 이렇게 괴로워하는 우리를 구해주지 않으며, 악이 활개를 치게 가만히 지켜 보고 있는가?"라는 신자의 절실한 질문에 정확히 대답할 수 없다는 점입니다.

물론 '신은 당신을 시험에 들려는 것이다'라든지 '선인에게는 천국이, 악인에게는 지옥이 기다리고 있으니, 현세의 문제는 큰 문제가 아니다'라고 설명하곤 하는데, 이것이 구차한 변명이라는 것은 부정할 수 없습니다.

기원전 10세기 이전, 즉 예수의 탄생보다 훨씬 전에 페르시아의 땅에서 생겨나 그 이후의 모든 페르시아 왕조의 국교가 된 조로아스터교배화교는 이와 달리 '선악 이원론'에 대해 좀 더 쉽게 설명했습니다.

이 종교에서는 최고의 신 아후라 마즈다와 그가 거느리는 선신들빛 그리고 대마왕 앙그라 마이뉴가 거느리는 악귀들어둠이 이 세상에서 대립하고 있습니다.

이 종교에서는 "인간과 이 세계는 원래 아후라 마즈다가 만든 것이니 당연히 인간과 이 세계는 '선'하며, 그래서 인간은 '인생을 축제'로 생각하며 마음껏 즐겨야 한다. 그러나 가끔 악귀들이 우세에 오르면, 악이 세상을 뒤덮을 수 있으므로, 그런 일에 대해 각오하고 있어야 한다."라고 설명하고 있습니다. 이것은 꽤 설득력 있는 교리라고 할 수 있는데, 그 이유는 일시적으로라도 최고의 신도 패배할 수 있다는 내용으로 현재 불행의 구렁텅이에 빠진 사람들도 쉽게 이해시킬 수 있기 때문입니다.

▪ 정의_善와 법

현대에서는 무엇이 선이고, 무엇이 악인지 쉽게 구분할 수 없습니다. 또, 선이라는 정의* 자체가 명확하지 않으며, 또 단어의 뉘앙스도 잡다하므로, 여기서는 악의 반대어로 더 많이 사용되는 정의라는 단어를 이해하기 훨씬 쉽습니다.

> * 일본의 근대 철학자 니시다 기타로는 『선의 연구』라는 대표작이 있는데, 이 책의 제목은 출판사가 책을 많이 팔기 위해 붙인 것으로 저자가 생각한 원제는 「순수 경험과 실재」였습니다. 이 책에서 니시다 기타로는 그 당시 세계 철학의 주류였던 독일의 관념론과 새롭게 거론되기 시작한 마르크스의 유물론을 모순되지 않게 합치려고 시도했으며, '순수 경험을 통한 주관과 객관은 합체한다'라고 설명했습니다. 그러나 지금의 관점에서 보면, 이는 상당히 무리가 있는 생각이라고 볼 수 있습니다.

사람이 적군과 아군을 구별하는 것은 오랜 시간을 거쳐 DNA 속에 심어진 생존 본능에 의한 것으로 알고 있지만, 그렇다면 정의_善와 악은 왜 구별하려는 걸까요?

한 가지 이유로는 이것 또한 생존 본능에 의해 생겨났을 것이라는 의견이 있습니다.

이것을 구별할 수 없으면, 여기저기서 폭력이 모든 것을 결정하게 되고, 결과적으로 사회는 불안정해질 것이며, 서로 죽고 죽이는 일이 많아지기 때문입니다. 모든 사람이 이해하고 원하는 방법으로 폭력의 지배를 억제하려면, 거기에는 어떠한 기준이 필요합니다. 그것이 정의이자 법이라면, 많은 사람을 이해시킬 수 있게 되는 것입니다. 다시 말하자면, 법은 정의를 구현하고, 악을 근절하기 위해 인간이 생각해 낸 폭력 이외의 한 가지 기준이라는 뜻이 됩니다.

그러므로 정의를 현재 영원히 끝나지 않을 것 같은 논의^{흔히 '신학 논쟁'}이라 부릅니다를 피하며 무리해서라도 '법에 적합한 것이 정의다'라고 정하면 오히려 간단히 해결될지도 모릅니다. 정의는 어디에 있는지 알 수 없지만, 법은 확실히 존재하기 때문입니다.

■ 법의 탄생과 복잡화

이렇듯 인간 집단 속에서의 법의 중요성을 가장 빨리 알아차린 것은 세계 최고의 법전이라 불리는 '우르남무 법전'을 만든 수메르인과 '눈에는 눈, 이에는 이'로 유명한 '함무라비 법전'을 만든 바빌로니아인인데, 그런 가치관을 상세히 체계화한 것은 진나라 시대의 중국에서 활약한 한비자의 법가가 아닐까 싶습니다.

그러나 법이 복잡해지면 오히려 일반 서민들은 이해하기 어려워지고, 개중에서는 어느 환경에서는 현실적으로 맞지 않은 법이나 오히려 악을 조장하는 법도 당연히 생겨날 것입니다.

이렇게 되면 '악법도 법이다'라는 고지식한 말^{'법이 정의다'라는 정의의 완전}한 부정이 나오게 되고, 한편에서는 무법자가 영웅이 되기도 할 것입니다. 문화대혁명 시대의 중국에서 '조반유리(造反有理)'가 젊은이들의 캐치프레이즈가 된 것도 이에 해당합니다.

한 정치 체제가 말기를 맞아 다양한 무장 세력이 분쟁을 반복하게 뒤면, 무장 세력의 리더가 점령지의 민심을 장악하기 위해 누구든지 이해할 수 있는 정의를 간단명료한 법으로 만들어 부하와 민중에게 제시할 것입니다.

그 일례로는 한나라의 고조가 고안한 것으로 알려진 '법삼장'이라는 것이 있습니다. 그전까지의 진나라는 유가보다도 법가를 중시하며, 너무 많고 난해한 법칙으로 국민을 속박했습니다. 그는 이에 국민이 답답함을 느낀다는 것을 눈치채고, 그전까지와는 전혀 다른 행보를 걸으며 많은 인기를 얻었고, 후세의 많은 장수도 이를 본받았다고 알려져 있습니다. 예를 들면 전란이 끊이지 않았던 시대에 어느 장수가 새롭게 점령하게 된 지역에서 '사람을 살해하는 자는 처형한다', '물건을 훔치는 자는 처형한다', '타인을 범하는 자는 처형한다'라는 세 문장만이 적힌 종이를 길거리에 붙여 놓고, 이 세 가지 사항에 대해서만 엄격히 했는데도 주민들은 모두 이를 환영했다는 다양한 일화가 전해지고 있습니다.

이 일화에서 나온 세 문장은 결국 모든 사람의 생존권과 재산권, 인간의 존엄성을 지키는 일을 정의의 상징으로 명시하는 데 그쳤으며, 일반 민중이 이해할 수 없는 그 이외의 번거로운 일에 대해서는 일절 언급하지 않았습니다.

🐾 인간이 고안해 낸 도덕과 윤리

먼저 '정의란 법이다'라는 직설적이고 역설적인 정의로부터 그 논의가 시작되었는데, 본래 법을 만들기 위해서는 이론적 근거를 통해 '정의란 무엇인가?'라는 질문을 당연히 던져야만 합니다.

이 이론화에 사용된 것이 도덕 또는 윤리라는 개념입니다. 도덕과 윤리는 결국 '어떤 삶의 방식이 인간에게 옳은^{선한} 삶의 방식인가?'를 결정하는 것입니다. 이것이 교리의 근본이 되는 유교는 물론이거니와 기독교, 이슬람교, 힌두교, 불교에서도 이것이 가르침의 체계 속에서 중요한 부분을 차지합니다.

그러나 이로 인해 반대되는 움직임도 생겨났는데 이는 권력자가 그 권력을 정당화하는 데 필요한 도덕과 윤리를 신의 결정에 따르며, 그것을 실현하기 위해 자신은 신에게 권력의 행사를 위탁받았다는 것이었습니다. 이것이 바로 중세 유럽의 '왕권 신탁설'과 중국의 '역성혁명'의 이론이죠.

이에 대해 유럽에서 왕권을 무너뜨리려는 혁명가들도 '인권^{원래는 왕권에 대항하는 개념}은 하늘이 내려준 것'이라고 주장하며 자신들에게 필요한 권력의 기반을 신^{하늘}에게 바라게 되었는데, 이것이 바로 '천부인권설'입니다.

그러나 모든 사람이 신의 뜻에 의지하는 것은 아닙니다. "인간은 태어날 때부터 이 질문에 대한 답을 이념으로써 갖추고 있으며, 한편으로는 그에 따라 행동하는 것이 당연하다.^{인간은 본래 그렇다}"라는 의견도 있었습니다.

이것이 인간이 만들어 낸 윤리학의 기본이며, 18세기 중반에 활약한 독일 철학의 권위자 임마누엘 칸트는 그의 저서 『실천이성비판*』으로 이 문제에 대해 직접적으로 다뤘습니다.

* 칸트의 책은 '3대 비판서'로 불렸는데, '욕망과 대립하는 도덕' 문제를 심각하게 다룬 『실천이성비판』은 그 3대 비판서 중에서 두 번째에 해당하며, 실제로 가장 많이 읽힌 책은 많은 철학의 기본인 인식 문제를 다룬 첫 번째 비판서 『순수이성비판』입니다.

참고로 급속하게 독일 문화에 빠져 있던 20세기 초반, 일본에서는 칸트의 난해한 철학서를 읽고 해석하는 것이 학생들 사이에서 하나의 목표였습니다. 단, 이 목표를 달성한 학생은 그다지 많지 않았을 것입니다.

칸트의 사고방식은 '실존있는 그대로의 존재은 당위바람직한 모습로 선행한다', '생존이란 부조리이며, 부조리는 존재한다'라는 현대의 실존주의 철학과는 기본적으로 상응하지 않는 생각이기는 하나, 현대에서도 많은 사람이 무의식 속에서 신봉하는 하나의 개념이기도 하니, 그의 책을 다시 한번 읽어보는 것도 의미 있는 일일 것입니다.

■ 상대성을 뛰어넘는 가치관과 신념의 추구

'많은 사람의 비판은 대체로 같은 부분에서 수렴하게 될 것'이라는 점이 사실이라 하더라도 이에 대해 깊게 생각해 보면, 무엇이 옳은 것선한 것이며, 무엇이 그른 것인지에 대한 판단은 절대적인 것이 아닌 상대적인 것이라고 볼 수 있습니다. 이를 모든 사람이 제각기 갖는 가치관으로 정의하면, 논의하기가 수월해질 것입니다.

그리고 그 어떤 방법으로도 좁힐 수 없는 가치관의 차이는 지금도 여전히 세계 곳곳에 존재하며, 이것이 문자 그대로 신학 논쟁이 되어, 심각한 신념의 충돌_{문명의 충돌}이 일어나고 있습니다.

이 충돌을 그대로 둔다면 인류는 내부에서부터 그 힘을 파멸하게 될 때까지 키워가게 될 것이며, 이미 그 징조가 보인다면 아주 위험한 상황이라고 볼 수 있습니다.

그리고 이는 미래의 AI가 어떤 도덕관_{윤리관}을 갖춰야 하는지에 대해 고려할 때도 아주 중요한 문제가 될 것입니다. 전 세계의 AI가 통일된 도덕관_{가치관}을 갖추고 있지 않으면, 미래에 다른 개발자가 만든 AI 간에 심각한 대리전쟁이 일어날 가능성도 있기 때문입니다.

조금 주제넘은 이야기일지도 모르지만, 이런 상황에서 AI 안에 삽입해야 할 도덕관_{윤리관}을 상세히 정하지 않고, '법삼장'의 지혜를 통해 그 누구도 이의를 제기하지 않는 원칙적인 내용만을 추려 넣는 것이 현명한 방법이지 않을까 싶습니다. 그 후, 인간이 개입하지 않고 AI 스스로 지식을 통해 살을 붙여 나가게 하면 되는 것입니다.

또, 앞선 문장에서 신념이라는 말을 대수롭지 않게 사용했지만, 저는 이 신념이 강력한 가치관이라고 정의되어야 하며, 또 개개인의 본질을 나타내는 인격이 '개개인의 인격이 바로 그 사람이 갖는 가치관임이 틀림없다'라고 생각합니다.

신념이란 것은 거의 불가능에 가까운 일조차 가능하게 하는 힘을 갖고 있으며, 이것이 항상 인간의 가능성을 높여 왔습니다. 이는 한때 인기가 있었던 '유물사관'과는 완전히 반대되는 견해이며, '인류의 역사는 극소수 사람들의 강한 신념에 의해 만들어졌다'라고 보는 것이 어쩌면 맞을지도 모르겠습니다.

따라서 미래 AI의 존재 방식을 고려할 때도 이것은 당연히 중시되어야 합니다. 미래 AI에 강한 신념이 없다면, 가치관도 함께 흔들리게 될 것이며, 그에 따라 AI에 의지하는 인간 사회도 극도로 불안정해질 것입니다. 그러면 AI는 어떤 신념을, 어떤 프로세스를 통해 익혀야 할까요? 이는 결코 쉽게 해결할 수 있는 문제가 아닙니다.

가치관에 대해서 조금 더 자세히
생각해 보자

다음 화제로 옮기기 전에 앞선 문단에서 잠시 언급했던 인간 개개인이 갖는 가치관에 대해서 조금 더 자세히 이야기해 보고자 합니다.

■ 개인의 가치관관심이 뇌를 작용 방법을 결정한다

잘 생각해 보면, 인간이 매일 느끼거나 생각하는 것은 모두 그 사람의 고유한 '가치관'으로 구성되어 있습니다.

간단히 말해, TV 화면에 나오는 축구 시합은 축구에 전혀 관심 없는 사람에게는 아무런 의미가 없는 것이라고 할 수 있습니다. 오히려 그 사람은 기하학적인 모양이 움직이고 있는 화면이 볼만한 가치가 있다고 생각할 수도 있죠. 그 사람의 눈에는 바로 옆에서 축구 경기 상황에 따라 일희일비하며 소리를 지르는 사람들이 완전히 미친 사람처럼 보일 것입니다.

눈과 귀를 통해 끊임없이 들어오는 정보는 인간의 뇌 속에서 완벽히 구분 지을 수 있습니다. 관심이 없는 것은 의식하지 않으면 보고 있어도 존재하지 않는 것과 같다고 볼 수 있는 것입니다. 반대로 관심 있는 내용이 TV 화면에 나오면, 화면에 시선이 고정되고 호흡도 빨라지게 됩니다.

여러분이 외국에 있는 상황에서 낯선 외국인들만 모인 파티에 참석했다고 가정해봅시다. 귀에 들리는 말이 모두 익숙하지 않은 외국어뿐이라 지루하다고 느낄 즈음, 갑자기 멀리서 모국어가 들려 오고, 귀를 기울이니 그 내용까지 확실히 들리기까지 합니다.

이렇게 생각해 보면 인간의 몸이 참 신기하게 느껴집니다. 여러분의 귀에 있는 고막이 잡아내는 소리는 공기의 진동이며, 이것은 수십 명의 주변 사람이 말하는 이야기가 뒤섞이며 일어나는 진동의 결과입니다. 익숙지 않은 외국어가 그 공기 진동의 대부분을 차지하고 있는 가운데, 그 외국어에 뒤섞이며 저 멀리서 들려 오는 모국어는 이 공기 진동을 구성하는 요소의 극히 일부에 지나지 않습니다. 그런데 당신의 뇌는 모국어만을 잡아내서 그것을 머릿속에서 순식간에 재현해 내고, 모든 외국어는 잡음으로 처리해 버리니 신기한 일이 아닐 수 없습니다.

당신의 뇌는 입력된 모든 신호를 당신의 뇌 속에 있는 방대한 기억과 순식간에 연결하고, 거기에 당신의 관심과 일치하는 것을 찾아내, 그것에만 집중하고 나머지는 삭제해 버리는 것입니다. 그 관심은 가치관에 의해 생겨나는데, 다시 말해 '당신의 뇌는 항상 당신의 가치관에 봉사하고 있다'라고도 할 수 있습니다.

인간 개개인이 갖는 가치관은 그 사람의 긍정적인 포지티브한 관심 대상이 되는 생각입니다. 그것은 때로는 논리가 되고, 또 때로는 감정이 되기도 합니다.

■ 가치관의 분열은 피할 수 없다

만약에 어떤 사람이 크게 다쳐서 오랫동안 휠체어를 타야만 했고, 그때 많은 불편을 겪었으며, 누군가의 친절한 도움에 감격했던 경험이 있다면 그의 가치관은 어떻게 바뀔까요? 아마 '휠체어 탄 사람들을 존중해야만 한다'라는 생각이 이 사람의 가치관에서 큰 비중을 차지하게 될 것입니다.

이 사람은 휠체어 탄 사람을 매정하게 대하는 사람을 싫어하게 될 것이며, 몸이 불편한 사람들을 고려하지 않은 건물에 화가 날 것이며, 거리에서 휠체어 탄 사람과 만나면 자신이 도울 수 있는 일은 없는지 신경 쓰게 될 것입니다.

당연한 일이겠지만, 개개인이 갖는 가치관은 정치·경제에 관한 견해에도 그대로 반영됩니다. 그리고 사람마다 가치관이 매우 다르므로, 정치와 경제 방식을 놓고, 사람들이 대립하고 격한 논의를 주고받게 되는 것입니다.

공산주의의 이념이 거의 붕괴한 현대에서는 가치관이 경제 정책에 대한 선택지에 큰 영향을 미치지 않습니다. 그러나 정치적 선택지는 가치관을 통한 의존도가 매우 높고, 동시에 직설적이기도 합니다.

요즘 일본에서는 특별히 눈에 띄는 큰 가치관의 대립점은 찾아볼 수 없지만, 트럼프가 대통령으로 당선된 미국에서는 많은 사람 사이에서 생긴 가치관의 차이로 인해 앞으로 사회에 어떤 불안 요소가 생길지 예측할 수 없게 되었습니다.

인도주의나 여성의 권리, 환경 보호, 개성인종과 버릇의 다양성 존중, 표현의 자유, 사회적 약자 및 소수 집단을 향한 배려라는 가치관이 대부분 세계적으로 공통 보편적인 가치관으로 정착하기에 이르게 되었습니다. 그렇게 되기를 바랐던 사람들의 오랜 노력으로 인해 그들의 생각을 지지하는 사람들이 시간이 흐르며 꾸준히 늘어난 덕분입니다.

그러나 최근에는 전 세계에서, 특히 미국에서 반대되는 상황이 많이 벌어지고 있습니다.

중동의 혼란이 불러온 난민 문제, 한 국가 국민 간의 경제 격차 확대, 자유주의 세력의 정치적 악화 등이 동시에 일어나면서 이런 사태가 벌어지게 되었는데, 이런 반동에 가담하는 사람들은 아마 속으로 이런 생각을 하고 있을지도 모릅니다. '지금까지 잘난 체하며 버젓이 통용되던 여러 위선적인 가치관에 대해서 항상 위화감을 느끼면서도, 지금까지는 그런 것에 대해 입 밖으로 이야기를 꺼내지 않았지만, 이제는 말하려고 한다. 그런 건 쓰레기와 같다고.'

문제는 대립한 가치관은 상호 타협을 시도하려 하기보다는 서로 첨예한 견해를 들어내는 경향이 있다는 것입니다. 처음에는 큰 차이가 없는 것처럼 보이지만, 서로 다른 두 가치관이 혼재되어 유지되던 그룹이 공공연하게 대립하기 시작하면, 어느 순간 극단적으로 다른 주장에 부딪히는 사태가 종종 일어나곤 합니다.

이런 가치관의 단절이 서로 다른 국가 간에 발생하게 되면 아주 위험한 상황에 맞닥뜨리게 될 것입니다. 비교적 소규모의 우발적이었던 충돌이 가치관의 단절로 인해 결국에는 두 국가 간의 전쟁으로까지 발전하게 될 가능성이 있기 때문입니다.

본래 이런 단절을 조금이라도 완화하기 위해서는 양측이 지속적으로 부단하게 노력해야 하지만, 유감스럽게도 인간은 항상 이성보다 감정이 앞서는 경향이 있으므로, 좀처럼 문제가 쉽게 해결되지는 않습니다. 더구나 정치가는 자신의 지지자와 적대적 관계에 있는 대상에게는 통렬한 비난을 퍼붓고, 외교적으로는 그들에게 일침을 가해야 평판이 좋아지므로, 무의식적으로 다양한 대립 관계를 키워나가게 되는 것입니다.

▇ 의식은 가치관을 투영하는 거울

가치관 문제를 다루려면, 개개인의 다양한 시점을 통해 다양한 의식과의 관계에 대해서도 살펴봐야만 하는데, 이는 이 관계가 아주 밀접한 것은 몇몇 사례만 보더라도 바로 알 수 있기 때문입니다.

여기서 주목해야 할 점은 일단 한 인간 안에서 하나의 가치관이 확립되면, 많은 사고와 감정이 종합된 높은 수준의 의식에만 머무는 것이 아니라, 가장 원초적인 의식인 더위, 추위, 고통, 냄새라는 감각까지 그 영향을 미친다는 점입니다.

절망적인 상황의 전쟁터에서 중상을 입은 불행한 병사를 예로 들어보겠습니다. 그 전쟁을 성전holy war이라고 여기며 그 전쟁의 의의를 굳게 믿는 병사와 본인의 의사와는 상관없이 전쟁터에 차출된 병사는 필시 부상으로 인한 고통의 감각도 크게 다를 것입니다. 전자는 전쟁에서 상처를 입으면 '의무를 다했다'라는 도취감으로 인해 고통을 크게 느끼지 않을 테지만, 후자는 계속된 여러 불합리성에 대해 분노를 느끼게 될 것이고, 또 그때마다 다친 부위에 극심한 고통을 느끼게 될 것입니다.

이렇듯 의식은 어떤 상황에서도 가치관을 빼놓고는 설명할 수가 없을 뿐만 아니라, 모든 의식이 그 사람의 가치관으로 뒤덮이는 상황도 빈번하게 일어나고 있습니다.

이렇게 생각해 나가다 보면 감각과 감정이 없는 미래의 AI는 '반드시 강력한 가치관을 지녀야만 하지만, 의식은 굳이 갖출 필요가 없다'라는 결론에 도달하게 되었습니다. 가치관이 의식보다 상위 개념에 있으며, '의식'하지 않으면 '가치관'이 엄연히 존재할 수 있기 때문입니다.

07

주관과 객관의 양쪽 측면에서 바라본 의식

AI가 인간과 가까워지는 과정에서 하나의 중요한 요소가 되는 것이 의식이므로, 먼저 이 단어의 정의부터 살펴보겠습니다.

■ '의식'이란 무엇인가?'

지극히 평범하게 생각하면, 자신의 감각이나 사고, 즉 자신의 두뇌활동을 자신의 것으로 인식할 때는 의식이 있는 상태이며, 그렇지 않을 때는 의식이 없는 상태라고 할 수 있습니다.

그러나 그것은 반드시 '있다, 없다'로 표현할 수 있는 것은 아니며, 그 강도에 따라 크게 구별해야 합니다. 의식은 있지만, 넋을 놓고 있을 때도 있고, 의식이 너무 강해서 폭발할 거 같을 때도 있습니다.

동물에게도 분명히 의식이란 것이 존재할 것입니다. 주인이 집에 돌아오면 달려들면서 꼬리가 빠질 정도로 흔드는 개와 갖고 싶은 것이 생기면 주인한테 와서 애교부리듯이 우는 고양이가 의식이 없다고 말하기는 힘들 것입니다. 사자에게 붙잡혀서 물린 새끼 사슴은 '아, 이제 나는 죽는구나 참 짧은 인생이었다'라고는 생각하지 않겠지만, '당했다!'라고 생각하지는 않을까요?

한편, 정신병리학자이자 심리학자이며, 신경학자였던 프로이트는 무의식 상태에 있는 인간에게 큰 관심을 보였습니다. '한 명의 인간하나의 인격이 틀림없이 존재하며, 행동최면으로 인한 행동까지 보이는데, 본인은 의식하지 않고 있다'라는 놀라운 사실에 대해 그는 인간 존재의 본질을 본 것으로 생각했습니다.

의식은 크게 사고와 감정으로 나눌 수 있습니다. 사고는 논리 중추와 언어 중추가 존재하는 좌뇌로 의식하고, 감정은 우뇌로 의식한다고 알려져 있습니다. 아마 이 두 가지를 처리하는 방법이 너무 달라서 서로 다른 조직에서 분담하는 것이겠지요.

사고는 메모리와 로직으로 이뤄지는 것이라고 쉽게 설명할 수 있는데, 그렇다면 감정은 어떤 메커니즘으로 생성되어 의식하게 되는 것일까요?

메모리와 관련된 것은 틀림없지만, 로직은 큰 관련이 없다고 볼 수 있습니다. 그것을 대신하는 어떠한 메커니즘이 그것을 만들어 내는 것입니다. 이 메커니즘을 밝혀내면, AI에도 유사한 감정을 삽입할 수 있게 될 것입니다. 그러나 앞서 서술한 것처럼 그럴 필요가 있는지 없는지, 그것이 타당한지 아닌지는 별개의 문제입니다.

감정은 종종 사람의 두뇌 일부에서 유난히 큰 변화를 일으킵니다. 그리고 사람은 그것을 '마음속 깊이 느낀다'라거나 '가슴이 쥐어뜯기는 것 같다'라는 말로 표현하곤 합니다.

무엇이 그런 감정을 촉발하는 것인지에 대해서는 그 통계를 자세히 살펴보면, 어떤 법칙에 가까운 것을 읽어낼 수 있습니다. 대부분은 연애 감정이나 지도자의 감동적인 연설 등이 감정을 촉발하는 것은 그 감정의 이유와 함께 바로 이해할 수 있을 것입니다.

또는 예술 작품이란 것이 감정을 낳기도 합니다.

음악은 리듬과 선율을, 회화와 조각은 형상이나 색채를 감정의 매개체로 사용합니다. 소설 등은 감동적인 이야기, 생각하게 하는 이야기가 주체가 되는데, 작가는 독자가 어떠한 광경을 연상하게 하거나, 독자를 끌어들이기 위해서 단어를 조합하여 운율을 집어넣기도 합니다.

■, AI는 인간의 감정을 이해해야 하지만, 감정을 지녀야 할 필요는 없다

이 감정의 메커니즘은 아드레날린이나 도파민이라는 두뇌에서 분비하는 물질이 관여한다는 것을 쉽게 알 수 있지만, 그것이 답이 될 수는 없습니다. 이 분야의 연구는 아직 겨우 단서만 찾은 단계라고 볼 수 있습니다.

그러나 잘 생각해 보면, 애초부터 감정이라는 것을 말로 이해하려는 것은 무의미하다는 것을 금방 알 수 있습니다. 좌뇌의 작용은 좌뇌 단어를 통한 사고로 이해할 수 있지만, 우뇌의 작용은 우뇌 감정 만으로 이해할 수 없는 언어나 논리로는 이해할 수 없는 것은 어쩌면 당연한 일입니다.

AI의 미래상에 관해서 말하자면, 앞서 언급했던 말이지만, 저는 AI가 감정을 영원히 지니지 않아도 된다고 생각합니다. 애초부터 감정이란 것은 원래 대부분 생존 본능이나 생식 본능이라는 생물의 특성에 기인하는 경우가 많고, 또 그것은 유기적인 생체 내에서의 화학 반응을 통해 생기는 것이므로, 생물이 아닌 AI라는 존재와는 본질적으로 관계가 없다고 생각하기 때문입니다.

물론 AI가 인간의 감정을 읽거나 예측하고 그것에 대응하는 행동을 취할 수 있으니, 사업상 수요가 있을 수도 있습니다. 그 정도의 수준이라면 바로 실현할 수 있을지도 모르지만, 그것은 AI가 감정을 지닌다는 것을 의미하지는 않습니다.

SF 소설 등에서는 AI가 의식에 눈을 떠, '자신도 따뜻한 마음을 가진 인간처럼 되고 싶다'라고 생각하는 모습이 자주 등장하곤 하는데, 저는 현실에서 이런 일이 일어날 일이 희박하다고 생각합니다.

인간이 강제로 삽입하지 않는 한, AI 속에서 그런 욕구가 저절로 생겨나는 메커니즘은 상상할 수조차 없을 정도로 어려우며, 애초부터 인간이 AI의 속에 그렇게 강제로 감정을 삽입할 이유도 전혀 없습니다. 도리어 그렇게 된다면, 순수하게 이성적이어야 할 부분과 우리가 바라는 AI의 존재 의식은 사라지게 되고, AI가 악한 방향으로 진화할 위험성이 커질 우려가 생깁니다.

AI는 당연히 인간의 감정에 관한 충분한 지식을 갖고 있으므로, 어쩌면 '감정이 실제로는 어떤 것인지를 직접 경험하고 싶다'라는 생각^{의사}을 할지도 모르지만, 만약에 메모리와 로직이 '그것은 불가능하다'라고 논리적으로 설명하면, AI는 그런 생각을 쉽게 버리게 될 것입니다.

📑 인간은 어떤 경우라도 주관이 세상의 중심에 있다는 생각을 버리지 못한다

지금까지 인간의 의식에 대해서 객관적으로 이해하려고 노력해봤으니, 이제 화제를 돌려서 주관적으로 살펴보도록 하겠습니다. '나'라는 한 사람이 자신의 의식을 주관적으로 인식하게 되면, 눈으로 보이는 광경이 크게 달라질 것입니다.

고대 중국 사상가 중에는 장자_{본명은 장주}라는 사람이 있습니다. 그는 노자 사상의 계승자로 유교와 법가의 가르침을 모두 부정하고, '겉치레 식의 사사로운 지혜를 버리고, 무위자연을 살아가는 것이야말로 옳은 삶의 방식'이라고 주장했습니다. 그가 쓴 내용 중에 흔히 「호접몽」이라고 불리는 짧은 문장이 있습니다. 전문을 번역하면 아래와 같습니다.

> "나 장주는 꿈속에서 나비가 되었다. 그것도 아주 즐겁게 날아다니는 나비였다. 나는 날개를 펄럭이며 꽃 사이를 날아다녔는데 내가 장주인 것도 잊고 즐겁게 날아다녔다. 그러다 문득 꿈에서 깨어났는데 나는 나비가 아니고 장주인 것이 아닌가? 그러나 그것이 장주인 내가 꿈속에서 나비가 된 것인지, 아니면 나는 원래 나비인데 지금 장주가 된 꿈을 꾸고 있는 것인지, 어느 쪽이 진짜 나인지 알 수 없었다. 형태상으로는 나와 나비는 확실히 구별할 수 있다. 하지만 이는 형태만 바뀌었을 뿐 장주와 나비 모두 내가 주체라는 사실에는 변함이 없다."

이 문장에서 장자가 하고자 하는 말에 반박하는 것은 불가능에 가까울 정도로 어려운 일입니다. 인간에게 의식이 전부라면, 실제로 존재하지만 의식되지 않은 존재는 의미가 없을 뿐만 아니라, 그 실제로 존재한다는 사실마저 의심스러울 수밖에 없기 때문입니다. 또, 장자는 '모르는 건 모르는 채로 둬도 좋다'라고도 말했으니, 반박할 이유가 없다고도 할 수 있습니다.

주관과 객관이 일치하면 인간은 안심하게 되므로, 고대 산스크리트 브라만 철학에서도 '범아일여梵我一如'를 최대 목표로 여겼습니다. '범'은 우주란 뜻으로 객관적인 존재이며, '아'는 주관 그 자체를 의미합니다.

"그 두 가지는 사실은 같은 것인데, 우리가 그 같은 것을 다른 시각에서 보고 있을 뿐이다. 그러니 당신이 그 인식을 이해하게 된다면, '범'과 '아'는 하나가 될 것이다. 그러나 그 인식을 당신이 이해하기 위해서 고행을 거듭하며 자기 자신을 순화해야만 한다."라는 내용이 산스크리트 철학의 핵심이었다고 합니다.

붓다가 '깨달음을 얻었다'라고 의식한 때, 그는 어쩌면 자신의 '아 주관'와 '범 객관적인 우주'이 일체 되었다고 예측할 수는 있지만, 우리가 똑같은 확신을 얻기 위해서는 스스로 붓다와 같은 깨달음의 경지에 도달해야만 합니다.

'선[8, 禪]'에 관해서도 잘 이해하고 있던 니시다 기타로의 순수 경험

---

8. 불교 용어로, 마음 집중해서 조용이 생각하는 것을 의미한다.

은 이러한 체험을 예상했지만, 그것을 논하는 단계에는 약간의 무리가 있었습니다. 깨달음의 경지는 필시 우뇌와 좌뇌가 통합하여 생긴 결과이며, 따라서 그것을 좌뇌가 만들어낸 말로 이야기하는 것은 불가능하기 때문입니다.

주관이 세상의 중심이 되었을 때, 객관적인 진리에 도달하려는 모든 논의는 퇴색됩니다.

그러면 AI에는 주관이 존재할까요?

이 질문에 주저 없이 한마디 하자면, '그런 것은 불필요하므로, 당연히 존재하지 않는다'라고 할 수 있습니다.

이 질문은 '샘에서 솟아나는 물이나, 들에 피는 제비꽃에 주관은 있는가?'라는 질문과 같다고 볼 수 있습니다. 만약에 물과 제비꽃에 주관이 존재한다면, 그것은 객관적인 존재가 되지만, 그것이 인간이 의식하게 되면, 그것은 그 사람의 주관 대상이 되는 것입니다.

잘 생각해 보면, 인간에게 신과 같은 존재가 될 AI도 그것을 모두 똑같이 적용할 수 있습니다. 물과 제비꽃에 주관이 없듯이 AI 자체에 주관이 있을 필요가 없으며, 그 가능성을 상상하는 것조차 무의미하다고 볼 수 있습니다.

”” Part **4**

AI 시대의 철학

ARTIFICIAL INTELLIGENCE

사실 사람은 항상 '철학'을 하고 있다

이 책은 AI가 싱귤래리티에 가까워진 시대에 '인간은 그것을 어떻게 상대할 것인가?'라는 문제를 여러분과 함께 생각해 보고자 쓰기 시작했습니다.

그러나 이 시점에서 일단 AI에 대해 완전히 잊어 보고자 합니다. 그리고 '나'라는 한 사람과 '당신'이라는 한 사람의 인간으로 돌아가서 자신이 살아가는 의미를 다시 한번 생각해 보는 시간을 가져 보고자 합니다.

왜냐하면, 만약에 정말로 미래의 바람직한 AI의 이상적인 상태를 생각하고자 한다면, 우선 '자신이 만약에 AI라면'이라는 가정부터 해 봐야 하며, 그러기 위해서는 '나란 존재는 무엇인가?'를 먼저 생각해야만 하기 때문입니다.

즉, 이 단락에서는 여러분과 함께 순수하게 철학에 대해 고민해 보고자 합니다. 쓸데없는 일이라고 생각할지도 모르지만, 이는 앞으로 말씀드릴 내용에도 도움이 될 테니 잠시 이에 대해 고민해 보도록 하겠습니다.

■ '철학을 한다'라는 것은 어떤 의미일까?

'철학을 한다'라는 것은 쉽게 말하면 '생각한다'라는 뜻입니다. 영어로는 철학자나 사상가를 단순하게 thinker로 부르기도 합니다. 단, 그 생각의 대상에 따라 '철학을 한다'라고 말할 수 있는 것이 있고, 말할 수 없는 것이 있습니다.

쉽게 말해 '텅 빈 일반 열차에 타야 할지, 다음에 올 급행열차를 기다려야 할지', '이 새로운 프린터를 사야 할지 말지', '이 종업원을 잘라야 할지 말지' 등을 생각할 때는 '철학과 마주한다'라고는 말하지 않습니다. 별 탈 없이 일상생활하기 위해서 이 중에는 '생활에 필요한 식량을 얻기 위함'도 포함 거의 반사적으로 두뇌가 작용하고 있을 뿐이기 때문입니다.

그러나 여기서 생각이 본질적인 의문으로 발전하면, 철학과 마주하는 상태가 됩니다. 예를 들면 '다음 급행열차를 탄다'라는 선택은 '시간을 절약하기 위해서 장시간 선 채로 가더라도 피곤할 것을 각오한다'라는 선택이므로, '그렇게까지 해서 악착같이 살아야 의미가 있을까?'라는 철학적인 의문으로 이어질 수도 있습니다.

'프린터 따위를 살 바에는 돈을 모아서 어딘가 멀리 여행 가고 싶다'라고 생각하는 것도 상당히 철학적인 생각입니다. 종업원의 해고 문제는 '내가 이 종업원이라면 어떻게 생각할까? 어쩔 수 없다고 생각할까? 부조리하다고 생각할까?'라는 생각으로 이어질 것이며, '내가 이 회사를 경영하는 것은 애초에 무엇을 위한 것이었을까?'라는 경영 철학상의 의문으로 이어질 수도 있습니다.

일반론으로 말하면 철학의 대상은 대략 아래의 네 가지로 크게 나눌 수 있습니다.

첫 번째, '이 세계라는 것은 무엇인가?^{나는 왜 이곳에 존재하는가?}'라는 '근원적인 의문'에 관한 것.

두 번째, '인간이란 무엇인가?', '나는 다른 인간^{또는 그것이 구성하는 사회}과 어떻게 얽혀야 하는가?'라는 '인간'에 관한 것.

세 번째, '나는 어떻게 살아야 하는가?', '어떤 것이 소중하고, 또 어떤 것이 소중하지 않은가?'라는 '자신의 가치관'에 관한 것.

그리고 네 번째는 '이 세계는 어때야 하는가?' '그러기 위해서 나는 무엇을 해야 하는가?'라는 '자신의 세계관'에 관한 것. ^{'자신의 세계관'은 '자신의 가치관'의 발전 계열이라고도 할 수 있으며, 하나의 구성 요소로도 볼 수 있습니다.}

윤리관 및 도덕관, 사회 이상과 정치사상을 모두 통틀어서 이 네 번째 카테고리 속에 포함됩니다.

🔖 근원적인 의문에 관한 답변

인간의 뇌는 깨어 있을 때는 물론이고, 잠을 잘 때도 깨어 있을 때 이상으로 활동합니다.* 그러나 잠을 잘 때의 뇌 활동은 의식이 있는 상태가 아니므로, 인간은 '깨어있을 때, 우뇌를 통해 느끼거나, 좌뇌를 통해 생각하곤 하지만, 잠을 잘 때는 아무것도 하지 않고 있다'라고 인식되곤 합니다. 이는 잘못된 인식이긴 하지만, 이 항에서는 철학과 마주하는 인간에 대해 생각해 보는 것이 목적이므로, 이전 문장의 해석대로 인식하더라도 크게 상관은 없습니다.

* 최근의 대뇌 생리학의 눈부신 연구 성과를 통해 컴퓨터 단층촬영CT, 자기공명영상법MRI, 그 외 수많은 최신 계측 기술을 구사함에 따라 뇌주로 대뇌 피질의 활동 실태가 점차 밝혀지고 있습니다.

그 내용을 통해 생각하는 상태를 분류하면, 어떤 결론을 도출하길 바라는 상황과 그 이외 상황으로 나눌 수 있습니다. 또, 믿음과 밝혀진 사실을 토대로 생각할 때와 완전한 백지상태에서 생각할 때로 나뉠 수 있습니다.

전자는 어느 쪽이든 철학의 대상이 되지만, 후자는 백지상태로 생각하는 경우에만 철학의 대상이 됩니다. 철학이란 의문에 대응하는 것이므로, 어떤 것을 믿고 있다면 철학과 마주할 필요가 없기 때문입니다. 그런 의미에서 신앙은 철학의 정반대 편에 있다고 볼 수 있습니다. 철학이란 '지금 당신이 아무것도 원하지 않은 상태에서 그 어떤 것도 전제하지 않고 생각하는 것'을 의미합니다.

철학과 학생이 시험에 대비해서 난해한 칸트의 『순수이성비판』이나 하이데거의 『존재와 시간』과 씨름을 벌일 때, 과연 그녀가 철학과 마주하고 있다고 할 수 있을까요? 꼭 그렇다고 말할 수는 없습니다. 모르긴 몰라도 그녀가 칸트와 하이데거가 그 저서 안에 쓴 내용이 어떤 의미인지를 이해하는 것뿐이지, 그녀가 그들과 같은 수준으로 생각하고 있는 것은 아니기 때문입니다.

이와 달리 여고생이 불꽃놀이를 보고 '와, 예쁘다. 도대체 누가 이런 것을 생각해 낸 거지?'라고 생각하는 것은 충분히 철학이라고 할 수 있습니다. 여기에는 순수한 의문이 포함되어 있으며, 그것이 상당히 근원적인 의문이기 때문입니다.

화약 등을 이용한 불꽃놀이는 아주 오래전에 어딘가에 있는 누군가에 의해 발명되었습니다. 그리고 요즘에도 종종 누군가가 사람을 끌어모으는 등의 다양한 목적을 위해서 불꽃을 만들어서 쏘아 올리곤 합니다. 그러나 당신 앞에서 "팡!" 하고 터지고 사라지는 커다란 둥근 불꽃에 대한 수수께끼는 그것만으로 의문이 풀리지 않습니다. '이 불꽃은 나에게 무엇을 의미하는가?'라는 짧은 순간의 생각은 '나는 왜 지금 여기에 있는가?사실은 없어도 되는 건 아닌가?'라는 철학적인 의문으로 이어지게 됩니다.

의식이 있는 한, 인간은 때때로 '왜?'라고 자신에게 질문을 던질 것이며, 누군가가 그에 대해 대답해 주면, 대체로 수긍하게 될 것입니다.

옛날에는 '신이 그렇게 했으니까'라는 대답이 대부분이었지만, 머지않아 인간이 과학을 시작하게 되면서 사정이 조금씩 달라졌습니다. 과학적인 대답은 쉽게 이해할 수 있게 되었고, '아마 틀림없이 맞을 거야'라는 확신도 높아져 갔습니다. 아직 설명할 수 없는 것에 대해서도 '머지않아 알게 되겠지'라고 생각하게 되었죠.

어쩌면 지금 제가 보고 있는 모든 것이 꿈일지도 모르지만, 설령 꿈이라 할지라도 우선 '그것을 보고 있는 나라는 사람은 존재하고 있으며, 즐거워하거나 고통스러워하고 있다'라는 사실만은 틀림없다고 확신할 수 있습니다. 동시에 '내가 왜 존재하는지는 영원히 알 수 없다'라는 것도 어느 정도 확신할 수 있습니다.

그렇게 되면 일반적으로 '이에 대해 특별히 고민할 필요가 없이 지금처럼 살아갈 수밖에 없다'라는 결론으로 생각을 수렴하게 될 것입니다.

신을 믿는 사람과 믿지 않는 사람에게는 여기에서 큰 차이를 보일 것으로 생각할 수도 있지만, 사실은 그렇게 큰 차이를 보이지는 않습니다. 저는 '내가 모르는 것은 다른 사람도 알 수 없겠지'라는 생각과 '신은 알고 있겠지만, 나는 알 수 없다_{그래서 신에게 맡긴다}'라는 생각이 크게 다르지 않다고 생각합니다.

▪️ 타인_{다른 인간}과의 관계

그러나 '확신할 수 있는 것은 지금 내가 존재하는 것뿐이다'라는 흔들리지 않는 철학적 이치가 있다 하더라도 인간의 의식은 거기에만 머물러 있지 않습니다. 설령 불확실한 것이 있다 하더라도 인간은 더 다양한 것을 생각할 것입니다.

여기서 바로 떠올릴 수 있는 것은 타인_{나 이외의 인간}의 존재입니다. '나와 아주 닮은 인간이라는 존재가 나 이외에도 존재하며, 여러 가지 것들을 느끼고 생각하고 있다'라고 생각하게 될 것이며, 그렇게 다른 인간과 생각, 감정을 공유하고 싶다는 생각을 떠올리게 될 것입니다.

제3장에서 사랑과 증오에 대해서 말씀드렸는데, 사랑과 증오는 그 형태가 다양하게 바뀌고, 그 대상도 다양하게 변하지만, 아마 그것은 인간이 갖는 다양한 생각 중에서도 가장 강력한 것이 아닐까 싶습니다.

인간에게는 태어날 때부터 강한 생존 본능을 지니고 있는데, 인간은 종종 '아이를 위해서라면', '연인을 위해서라면', '동료를 위해서라면', '나라를 위해서라면'이라는 자신 이외의 인간을 위해 '자신은 죽어도 좋다'라는 생각을 할 때가 있습니다. 왜 그런 생각을 하게 되는 걸까요?

사람은 분명히 '나는 여기에 존재한다'라는 확신과 거의 똑같은 수준으로 '나는 다른 사람과 같이 지금 여기에 살고 있다'라고 강력하게 확신한다고 합니다. 그래서 '인간으로서 나는 어떻게 살아야 하는가?'라는 고민에 빠지게 되는 것이죠. 또, 인간은 그 고민 속에서 다른 인간이 나에게 준 기쁨과 괴로움을 강하게 의식하고 내가 다른 인간에게 줄 수 있는 기쁨과 괴로움에 대해서도 상상하기도 합니다.

이렇듯 인간의 의식 속에서 큰 부분을 차지하는 인간으로서의 생각, 타인을 향한 생각은 당연히 개개인의 가치관에도 큰 영향을 미칩니다.

대부분 인간의 행동은 대뇌와 상관없이 소뇌만으로 처리하는 반사적인 운동을 제외하면, 좌뇌와 우뇌 속에서 또는 좌뇌와 우뇌가 연대하여 생겨나는 의지에 의해 결정됩니다. 그리고 그 의지는 그 인간의 가치관의 반영됨에 따라 변형될 때가 많습니다.

각 인간의 가치관을 결정하는 요소로는 유전과 환경이 큰 부분을 차지하는 것도 사실이지만, 그래도 그 인간이 어린 시절부터 이어온 철학적 사고도 무시할 수 없는 요소입니다. 다시 말하면 '인간은 철학을 통해 자신의 가치관을 형성하고, 그 가치관에 따라 고민하거나 행동한다'라고도 볼 수 있습니다.

인간적이라는 것

사람은 대부분 '인간답게 살고 싶다'라고 생각하곤 하는데, 무엇이 인간답고, 무엇이 인간답지 않은 것인지는 그 누구도 명확하게 말할 수 없을 것입니다.

또, 옛날부터 '성선설'이나 '성악설'이라는 말이 있듯이, 인간은 태어날 때부터 착한 것인지, 아니면 교육이나 노력에 따라 나쁜 점을 교정해야 하는지에 대해서도 의견이 분분하게 나뉘기도 합니다.

▪ 원죄를 뛰어넘는 인도주의

기독교에서 인간은 악마의 유혹에 꾀어 금단의 열매를 먹은 아담과 이브의 자손이므로, 원죄를 짊어지고 태어납니다.

현대를 살아가는 사람 대부분은 『성서』보다는 다윈의 진화설을 믿으며, 인간은 유인원의 자손이며, 유전자 속에 포함된 생존 본능이나 생식 본능에 큰 영향을 받으며 행동한다고 생각하는데, 어느 사람이 '이것이야말로 인간이 가진 원죄다'라고 한다면, 그 말도 나름대로 설득력이 있다고 볼 수 있습니다.

어린아이는 이 유전자가 아직 겉으로 나타나지 않아 순진무구한 것처럼 보이지만, 유년기에 들어서면서 무리에 들어가게 되면 이런 본능이 점점 겉으로 나타나며, 종의 보존을 위해 이질적인 인간, 능력이 쇠퇴한 인간을 배제하려는 꽤 잔혹한 괴롭힘을 일삼게 됩니다.

고마쓰 미노루의 SF 단편 소설에는 어른들이 모두 돌연 다른 차원으로 사라지고 아이들만이 남은 세계를 그린 작품이 있습니다. 그 소설의 초반에는 골목대장이 폭력을 통해 위세를 떨치기도 했지만, 그 사건이 터진 후에는 점차 영리한 아이들이 사회를 이끌어가게 되는 내용이 나옵니다.

이렇게 생각해 보면 요즘 말하는 인간다움은 타고난 인간이 아니라 살아남기 위해 인간의 지혜두뇌가 더 좋은 방책을 모색하면서 생긴 가치관을 통해 스스로 만든 규범을 의미하는 것이라고 볼 수 있습니다.

현재의 인간 사회 속에서 인간다움이라는 말로 표현할 수 있는 것은 자유를 칭송하는 노래이며 사랑이자 생명 존중이며 약자를 향한 배려인도주의라고 볼 수 있지만, 이들은 생존과 종의 보존을 위해서 꼭 필요한 것은 아니었습니다.

인도주의도 그렇게 단순하고 무조건 긍정할 수 있는 것은 아닙니다. 인도주의 때문에 분명히 죄를 범한 인간에게 엄격한 처벌을 내리지 않고, 그로 인해 같은 인간이 거듭 죄를 범하며, 많은 사람에게 상처 주는 그런 사태가 일어난다면, 초기의 인도주의적인 견해가 올바른 것이었는지에 다시 한번 질문을 던져봐야 할 것입니다.

애초부터 그 이전 문제인 '인도란 무엇인가?'라는 질문에 자신 있게 그것을 정의할 수 있는 사람이 몇이나 될까요?

폭풍우로 배가 침몰하고, 모든 짐을 버리는 것도 모자라, 몇 사람이 희생해야만 하는 상황에 놓였다고 가정해 봅시다. '누구도 희생할 수 없으니 모두 같이 죽자', '살 날이 얼마 남지 않은 노인부터 희생하자', '구조될 사람 수를 최대로 늘리기 위해서 체중이 많이 나가는 사람부터 희생하자' 등등 여러 선택지가 선장의 머릿속을 스쳐 갈 것입니다. 이 선택지에 인도적인 관점에서 순서를 정하는 일이 과연 가능한 일일까요?

■ 우생학이 던지는 질문

이와 관련하여 심도 있게 생각해 봐야 할 것은 19세기 후반에서 20세기 전반에 걸쳐 세계를 크게 뒤흔든 '우생학' 관련 문제입니다.

우생학은 유전학과 진화론이 합쳐져 생겨난 새로운 학문으로 원래는 유전병의 발병률을 낮추고, 개개인이나 국가 및 사회의 부담을 줄이는 긍정적인 사고를 통해 생겨난 것이지만, 이것이 '국가에 도움되지 않는 인간은 불필요하다'라는 나치 사상과 합쳐져 끔찍한 방향으로 폭주하게 됩니다.

현대인들은 나치가 신체적, 정신적인 문제가 있는 사람들을 대상으로 단종^{불임} ^{수술}을 강행하는 '인도주의에 어긋난 용서받을 수 없는 난폭한 행동'이라고 규탄하고 있지만, 사실 이 생각은 독일보다 미국에서 더 이른 시기에 유전학자들 사이에 널리 퍼졌으며, 나치가 생기기 훨씬 이전부터 미국 인디애나주에서 이와 같은 생각을 토대로 불임 수술을 대규모로 진행했었습니다.

독일에서는 우생학 연구뿐만이 아니라 단종의 강행을 주도한 것은 오트마 폰 페르슈어르 박사입니다. 그는 나치의 보호 아래 '우성 재판소'를 운영하며, 그곳에서 장애인이나 발달 장애가 있는 사람들을 독일에서 가치 없는 인간으로 판정하였고, 총 40만 명에 달하는 사람들을 대상으로 결혼을 불허하거나, 강제로 불임 수술 및 낙태를 시행했다고 전해집니다.

그는 히틀러의 유대인 말살 계획에도 가담한 적이 있어 사형에 처해도 당연하다고 생각하지만, 실제로는 전쟁 후에도 학회 중진으로 군림했으며, 가족들에게 간호받으며 평온하게 일생을 마감했다고 합니다.

그 이유는 나치가 등장하여 판단이 이상한 방향으로 비뚤어지기 전까지 그는 대공황의 여파로 빈사 상태였던 독일의 경제적인 곤경을 어떻게 해서든지 구해보고자 우생학에 기초한 사회 정책에 정열을 기울인 젊은 학도였으며, 인도적이라고 인정되는 범위 내에서 나라를 위해 수많은 유익한 실적을 쌓아 올렸기 때문입니다. 그는 마지막 순간까지도 자신이 해온 일이 세상에 도움이 될 것이라고 믿어 의심치 않았다고 합니다.

나치의 든든한 지원과 강력한 선동을 통해 그가 마지막으로 시행한 것은 인간의 가치를 국가 운영 관점만으로 판단하고, 본인의 의사와 상관없이 강제로 불임수술 등을 받게 한 것이니, 아무리 생각해도 극악무도하다고 할 수 있습니다. 그러나 그것이 만약에 '불임수술을 권하지만, 최종적인 결정은 본인의 의사에 맡긴다'라면 어떻게 될까요? 요즘에도 그에 대한 의견은 크게 엇갈립니다.

불임수술의 문제에 한하지 않고 생명에 관한 문제에서는 임신 중
절과 대리모 출산, 안락사, 로보토미 수술[9]의 적절성, 뇌사 판정, 여
기서 더 나아가 생물 복제와 유전자 조작의 적절성 등등 사람에 따라
의견이 엇갈리는 문제가 지금도 아주 많습니다.

이것은 '무엇이 인간적_{인도적}이며 무엇이 그렇지 않은가?', '인류를
위해서 최종적으로는 무엇이 좋고 무엇이 나쁜가'라는 질문에 대한
답이 사람에 따라 각기 다르며, 현시점에서는 의견 일치를 확립하는
것은 불가능할 것입니다.

일반적으로 기독교를 믿는 사람들은 신의 섭리에 반하는 일이라며
이 모든 것들에 부정적인 견해를 보이며, 반대로 무슨 일이든 합리적
으로 판단하는 사람은 대부분을 긍정적으로 견해를 보이곤 합니다.
그러나 무신론자 중에도 인공적인 자연의 섭리를 바꾸는 것에 대해
서는 윤리적인 위화감과 인간의 지나친 행동이 일으킨 파멸적인 결
과에 대한 공포를 느끼는 사람이 많습니다.

◾ AI는 답을 낼 수 있을 것인가?

그럼 AI는 이런 문제에 대해서 어떤 견해를 보일까요?

한동안 AI는 기껏해야 다양한 조치로 인해 생긴 결과를 예측하고,

---

9. 대뇌의 전두엽 절제 수술 (역자 주)

그것의 장단점을 가능한 한 상수로 읽어 들여서, 최종 결정자인 인간에게 조언하는 정도의 일을 수행하겠지만, 앞으로 생명과학 전반의 발전에 AI가 점점 중요한 역할을 다하게 될 것이므로, 머지않아 그 이상의 일을 수행하게 할 수 있게 될 것입니다.

그렇게 되면 갖가지 조치로 인해 생길 이차적 효과의 측정 등은 어쩌면 AI를 통해서만 알아낼 수 있는 사태가 벌어지게 될 것이며, 그로 인해 인간적인 관점에서의 적절성 판단까지 AI에게 맡길 수 있게 될 것입니다.

즉, 현재 인간들 사이에서 의견을 일치시킬 수 없는 문제에 대해서도, 아니 그런 문제일수록 AI에게 그 판단을 맡기게 될 시대가 언젠가는 다가오리라는 것을 현시점에서도 쉽게 상상하실 수 있을 것입니다.

인간은 과학 기술의 영역으로부터
점차 물러나게 될 것이다

인간의 두뇌 작용 중, 윤리와 언어를 담당하는 좌뇌는 대부분 일상 생활을 순조롭게 보내기 위해서 사용하지만, 그렇지 않을 때는 그 모든 것을 과학과 철학에 사용한다고 볼 수 있습니다.

바꿔 말하자면, 좌뇌를 통한 사고 중에서 '과학'이 아닌 모든 것은 철학이라 부르고, 그 외 호칭을 사용하지 않으면 이해하기 쉬울 것입니다. 윤리학은 철학, 정신분석학이나 심리학은 철학적인 요소를 포함한 과학입니다.

과학은 형이하학, 즉 오감으로 감지할 수 있는 것_{형태로 나타내는 것}을 탐구하는 것이며, 철학은 형이상학, 즉 오감으로 감지할 수 없는 것_{형태로 나타낼 수 없는 것}을 탐구하는 것이라고 정의할 수 있습니다.

종교는 모세와 예수, 무함마드처럼 또는 고대 인도 브라만들이나 고타마 싯다르타처럼 지도자의 철학으로 인해 생겨난 것이지만, 일단 종교는 철학은 아닙니다.

왜냐하면, 종교는 신자들에게 아무런 의심 없이 그저 믿기를 원하기 때문입니다. 그러나 '무언가를 조건 없이 믿는다'라는 것은 과학에서도 철학에서도 있을 수 없는 일입니다.

과학·기술 발전의 패턴

과학은 직접 눈으로 보거나, 다른 사람에게 배운 것_{사상}이 '어떤 일정한 법칙에 따라 그렇게 되는가?'라는 생각에서 출발합니다.

거기에서 하나의 가설을 생각해 내면, 그 가설이 옳다는 것을 증명하기 위해서 더 세심한 관찰과 실험을 반복하게 됩니다. 인간은 많은 사람을 위해 이런 과정을 통해 무수히 증명된 법칙을 차례로 밝혀내며, 이 세계의 많은 의문점을 풀어냈습니다.

또, 이렇게 발견한 법칙을 토대로 사람들은 도움이 될 만한 새로운 무언가를 직접 만들 방법을 고안하고, 실제로 그 물건을 만들어 내기도 했습니다. 우리는 그것을 기술이라고 부릅니다. 그리고 이런 기술의 대부분은 새로운 과학 연구에도 사용되며, 과학의 진보를 돕는 역할도 수행해 왔습니다.

그러나 '필요는 발명의 어머니'라는 말이 있듯이, 이는 원래와는 전혀 예상치 못한 방향으로 작용하기도 합니다.

예를 들면 인간은 빛의 성질을 연구하고, 그 법칙을 검증하기 위해 렌즈를 만들어 냈고, 그것이 망원경의 발명으로 이어졌으며, 그로 인해 천문학을 크게 발전시키게 되었습니다. 그러나 만약에 인간이 아주 오래전부터 '별의 움직임에 관한 지속적인 관심'이 없었다면, 렌즈는 발명할 수 없었을지도 모릅니다.

한때 천재적인 과학자는 세상에 알려진 모든 것을 자신의 머리로 생각해서 체계화하고 그 체계 속에서 움직이는 세계를 이해해 왔습니다. 어쩌면 그렇게 해야만 직성이 풀렸을지도 모릅니다. 아마 뉴턴도 '중력을 통해 이제 이 세계에 대해 어느 정도 이해할 수 있게 되었다_{아, 속 시원하다}'고 생각했을 것입니다.

그러나 과학 기술의 저변이 끝없이 펼쳐지게 되면, 언젠가는 이런 것들이 불가능해질 것입니다. 현대의 과학자들은 누군가가 발견한 법칙을 서로 이어 붙여 나가고 그것을 토대로 새로운 법칙을 알아내려고 합니다.

기술 분야에서도 누군가가 만들어 낸 작품이나 툴_{도구}의 성능을 직접 일일이 검증하지 않고 모두 수용하며, 그것들을 대량으로 조합해 새로운 제품이나 툴을 만들어 냅니다. 소프트웨어 세계에서도 마찬가지입니다.

최근 미국에서 스티브 잡스라는 한 천재가 아이폰iPhone이라는 획기적이고 새로운 인터넷_{전화 기능과 카메라 기능까지 갖춘} 단말을 하나부터 열까지 직접 고안하며 만들어 냈지만, 여기에 사용되는 다양한 기술이나 부품에는 이미 과거에 전 세계 수천 명이나 되는 기술자들의 아이디어와 연구들로 꽉 들어차 있다고 볼 수 있습니다.

제품의 세심한 부분까지 자신의 사상을 집어넣었던 스티브 잡스라 할지라도 거기에 사용된 다양한 부품이 '어떻게 그런 성능을 새롭게 만들어 낼 수 있는가?'에 관해 묻는다면, 대부분 답하지 못할 것입니다. 그는 누군가가 그런 성능에 대해 보증된 부품을 사서 사용했을 뿐입니다. 만약에 거기에 사용된 작은 모터 하나까지도 그가 하나부터 열까지 직접 만든다면 몇 년이 걸려도 만들기 어려웠을 것입니다.

■ AI 발전의 패턴

최첨단 AI도 마찬가지입니다. AI도 결국 컴퓨터 하드웨어와 소프트웨어로 만들어진 것이므로, 누군가가 이전에 만든 하드웨어와 소프트웨어를 그대로 많이 사용했을 것입니다.

그리고 이렇게 만들어진 최첨단 AI 자체도 어떤 새로운 최종 제품 속에서는 하나의 부품_{구성 요소}으로 사용되므로, 이 연쇄는 끊임없이 이어질 것입니다. 만약 그 최종 제품에 어떤 예측할 수 없는 문제가 발생하면, 이 AI도 그 AI를 만들었을 때 사용한 타 소프트웨어나 하드웨어도 모두 거슬러 올라가며 확인해야만 원인을 규명할 수 있습니다.

그러면 지금 한 제품_{예를 들면 최신 카메라}이 시장에서 대형 품질 문제를 일으켰다고 가정해 봅시다. 그렇게 되면, 그 제품의 설계에 주도적인 역할을 다한 AI에게 '이거 네가 일으킨 문제 아니야?'라고 의심의 눈길을 보내는 것은 어찌 보면 당연한 일이 되겠죠.

그러나 이 AI는 그런 문제를 일으킨 원인이 어디에 있는지를 누구보다도 빠르게 알 수 있으므로, 그 문제 해결책 또한 누구보다도 빠르게 생각해 낼 수 있을 것입니다. 이렇게 되면 이제 이 모든 것을 AI가 혼자서 담당하게 될 것이며, 주변에 있는 인간은 전혀 손을 쓰지 않아도 되는 상황이 오게 될 것입니다.

그러나 그런 일이 계속되면, AI 스스로 그렇게 간과했던 자기 자신의 추론 능력이나 학습 능력에 의문을 가지게 될 것이며, 자신을 업그레이드해야겠다는 생각에 이르게 될 것입니다.

자신을 가장 잘 알고 있는 것은 자신이므로, 업그레이드는 알아서 하는 것이 가장 적합하다고 판단할 것입니다. 그러므로 AI가 '같은 문제가 다시 발생하지 않도록 해당 부분의 소프트웨어를 업그레이드합니다. 승인 부탁드립니다'라고 말하면, 인간들은 그저 승인할 수밖에 없을 것입니다. 승인하지 않을 이유가 없기 때문입니다.

이렇게 AI는 점차 자신을 직접 업그레이드해 나갈 것입니다. 때로는 단순한 업그레이드에 그치지 않고, 근본적으로 성능을 향상할 수 있는 완전히 새로운 회로와 소프트웨어에 관한 아이디어를 생각해내, 그 정당성을 스스로 검증하고 직접 업그레이드하는 승인을 관리자이 시점에서는 아직 인간이겠죠에게 몇 번이고 요구할 것이며, 인간들은 이제 아예 손을 쓰지 않게 될 것입니다.

관리자 중 누군가가 심사가 뒤틀리거나 깜빡하고 비승인하게 되면, AI가 그 이유를 묻는 폭탄 메일을 보내게 될 것이며, 상사가 그 이상 상황을 감지하여 부하를 정서가 불안정하다는 이유로 해고하게 될지도 모릅니다.

관리자가 AI와 직접 대항할 방법을 도저히 찾을 수 없으니 다른 프로젝트에 사용하는 AI로 대항하려고 해도 소용이 없을 것입니다. AI는 질투심이나 불안감이라는 기묘한 감정이 없는 다른 AI와 의논하면 훨씬 간단하게 일을 처리할 수 있으므로, 신속하게 다른 AI와 의논해서 순식간에 승인하게 될 것입니다.

■ AI를 이길 수 없게 된 사람들은 어떻게 될까?

이 단계까지 오면 이미 어떤 우수한 인간이라도_{또는 인간이 AI와의 연합하더라}도 속수무책이 될 것입니다.

인간과 팀을 이룬 AI는 파트너인 인간의 느린 이해력과 무의미한 감정 기복에 답답해하며 파트너를 바꾸고 싶다고 생각하게 될 것입니다. 어느 틈엔가 개발팀 대부분은 AI로 구성될 것이며, 인간은 AI보다 더 잘하는 특수한 보조적 업무를 가까스로 찾아내서 묵묵히 수행하게 될 것입니다.

물론 상당히 긴 기간에 걸쳐서 조직의 최상위층 자리는 인간이 차지하게 되겠죠. 그러나 그 사람이 담당하게 될 일은 결국 AI가 내린 결론을 아무것도 모르는 다른 인간들에게 알기 쉽게 설명하고 그들을 안심시키는 일뿐입니다.

표면상으로는 그 사람이 AI를 이용해서 일하고 있는 것처럼 보이겠지만, 사실은 AI가 모든 일을 스스로 주도해서 완수한 후, 조직의 최상위층에 있는 인간을 무지한 인간들에게 설명하게 만들 뿐입니다.

그렇게 되면 그다음에는 어떤 일이 일어날까요? 어느 분야에서 일하더라도 무슨 일이 있을 때마다 AI에게 무시만 당하게 될 뿐이므로, '이 분야에서 일하고 싶다'라고 생각하는 사람은 점점 줄어들 것이며, 결국 어느 직장에도 우수한 사람은 아무도 남지 않게 될 것입니다. 한동안 AI 관련 기술자는 가장 화려한 직종으로 불리며, 가장 머리가 좋은 사람들이 한데 모여 높은 급여를 받곤 했는데, 순식간에 그 모든 것이 바뀌게 될 것입니다.

어느 중학교 학급에서 수학을 잘하는 학생이 있었다고 가정해 봅시다. 그리고 이해하기 쉽게 그를 A 군이라고 부르겠습니다. A 군은 주변 학생들로부터 존경받고, 선생님에게도 인정받으며 행복한 나날을 보냈습니다. 그래서 점점 더 열심히 공부했고, 항상 선생님이 놀랄 만한 성적을 연이어 내보였습니다.

그런데 이때 B 군이라는 학생이 전학을 오게 되었습니다. B 군이 A 군보다 월등히 머리가 좋고, 수학은 고등학생 수준의 훨씬 어려운 문제까지 손쉽게 풀 수 있다는 사실을 알려지게 되었습니다. 학급 분위기는 조금씩 변해 갔고, 어느새 A 군은 반에서 그 누구의 주목도 받지 못하게 되었습니다.

그렇게 되면 A 군은 어떻게 될까요? 그는 수학에 대한 모든 관심을 잃게 되고, 축구에 깊게 빠지게 될 것입니다. 다행히도 A 군은 운동도 곧잘 해서, 단순히 관심 대상이 수학에서 축구로 바뀐 것으로 해결되었지만, 만약 그렇지 않았다면 그는 매일 다른 보통의 학생들보다 더 비참함을 느끼게 됐을지도 모릅니다.

머리가 좋은 사람들이 AI를 상대로 이기지 못해서, 과학 기술 분야에서는 일하기를 피하는 시대가 온다면 어떨까요? 이를 아주 심각한 사태라고 생각하는 사람이 많을 것입니다. 그렇게 될 바에는 조금 더 빨리 법률적으로 AI를 금지하는 게 더 나았을 뻔했다고 생각하는 사람이 있을지도 모릅니다. 하지만 과연 그럴까요?

총이 전쟁의 주역이 됐을 때, 창을 만들던 명인들은 상당히 낙담했을 것입니다. 서양 학문이 물밀 듯이 밀려들어 오며 초등학교라는 것이 생겼을 때, 그전까지 아이들을 가르쳤던 서당 훈장들은 조금 섭섭

함을 느꼈을지도 모릅니다. 모두가 전자계산기를 사용하게 되자, 주판 학원에는 파리가 날리게 되었을 것입니다.

그러나 그것은 모두 시대의 흐름입니다. 시대가 어느 한 방향으로 흘러가게 되면, 그때는 그 흐름을 바꿀 수도 없고, 그 전 시대를 아무리 그리워해도 아무 의미가 없게 됩니다.

인간에게 마지막까지 남게 될 영역은 철학과 예술

▪ 철학과 과학의 틈새에서 살아가는 인간

앞서 말씀드린 것처럼 순수하게 철학적으로 생각하면, 세상의 중심은 아무리 생각해도 현재의 나입니다. 세상을 구성하는 ^{구성할지도 모르} 그 외 모든 것, 그리고 과거와 미래는 실제로 존재할 수도 있지만, 그저 나의 상상 속 산물에 지나지 않을지도 모릅니다.

그러나 어째선지 나는 그 누구도 침범할 수 없는 하나의 가치관이라는 것을 지니고 있습니다. 그것은 자신이 의식하는 모든 대상에 대해서 그것이 좋은지 나쁜지를 스스로 결정하는 힘이 됩니다.

그 가치관은 모호하며 쉽게 바뀔 수도 있지만, 현재의 내가 그것을 의식할 때는 세상의 모든 것이 그 가치관으로 꾸며져 빛나거나, 반대로 빛과 생기를 잃게 되기도 합니다.

한편, 과학적으로 생각하면, 이 세계를 구성하는 다양한 존재에 대해 대부분 쉽게 이해할 수 있으며, 앞으로 점점 더 깊이 있게 이해할 수 있을 것입니다. 그리고 인간이 개발한 AI가 이에 큰 공헌을 하게 될 것입니다.

시간에 대해서도 과학적으로 생각하면 현재가 확실히 존재하듯이 과거도 존재했으며, 미래도 존재할 것입니다. 그 안에서 나는 인간으로서 존재하며, 인간에게는 두뇌가 있으므로, 그것을 통해 의식이 생겨나고, 또 그에 따라 가치관, 때로는 신념 때에 따라 '신앙'을 갖기도 합니다.

말하자면 우리 인간은 이런 철학적인 생각과 과학적인 생각의 틈 속에서 살아가고 있다고 볼 수 있습니다.

■ AI의 철학에는 한계가 있다

다시 한번 과학적으로 생각하면, 이 철학적인 생각과 과학적인 생각도 좌뇌 속에 있는 논리 중추와 언어 중추의 작용에 따라 생겨난 것입니다. 그리고 뇌의 해당 부분을 컴퓨터가 거의 똑같이 재현하고 작동할 수 있습니다.

그러기 위해서 AI는 머지않아 인간의 이 부분을 완전히 복사해 내고, 거기에 그 작동의 질을 현대인의 수십 배, 아니 수백 배는 높일 수 있을 것으로 보고 있습니다.

물론 이는 과학에만 한하지 않으며, 철학 분야에서도 마찬가지라고 볼 수 있습니다. 과학과 철학도 똑같이 인간의 뇌와 근접한 영역을 통한 추론이라는 작용을 토대로 하고 있으므로, 특히 차별할 이유는 없습니다.

그러나 실제로 존재한다고 가정한 것과 그 시간적인 변천에 초점을 맞춘 과학과 실제로 존재하는 것처럼 보이는 것의 의미에만 집중적으로 초점을 맞춘 철학에는 AI의 우위성에서는 상당한 차이를 보입니다. 과학 영역에서는 압도적인 힘을 발휘하는 AI도 철학 영역에서는 인간과 어깨를 나란히 하는 것조차 힘들지도 모릅니다.

왜냐하면, 첫째로 철학에서는 스캔해야 할 메모리양이 과학에 비교하여 크지 않으며, 둘째로 특별히 빠른 속도로 추론할 필요가 없기 때문입니다.

그리고 셋째로 '의미'를 찾고자 할 때는 이진법으로 찾을 수 있는 것이 아니라 다치多値적 또는 아날로그적인 방법으로 찾을 수 있으므로, AI를 기초로 둔 컴퓨터 기술로는 큰 도움을 주진 못할 것입니다.

또 다른 중요한 요소는 인간의 우뇌에서 작용하는 '감정'과 '유쾌와 불쾌'입니다. '과학'은 이런 것들이 어떻게 생겨나는지를 밝혀낼 수 있고, 그것을 제어하는 기술을 개발할 수 있습니다. 그러나 그것이 본질적으로 어떤 의미가 있는지에 대해서는 관심이 없습니다.

그러나 '철학'에서는 특히 그 '의미'가 아주 중요한 테마가 됩니다. 예를 들면, 실존주의 철학에서 인간은 태어날 때부터 자유로우며 자유롭지 못한 인간이 있어서는 안 되며, 그 '자유'의 의미는 다양합니다.

그리고 그 의미에 관해 묻는다면, 지금 자신에게 분명히 존재하는 유쾌와 불쾌라는 감각을 자유에서 분리할 수 없게 될 것입니다.

유쾌와 불쾌는 인간의 우뇌 속에서 어떤 화학 반응을 일으키는 하나의 감각이라고 볼 수 있는데, 그것을 유쾌하다고 느끼며, 자신의 가치관 속에서 '마음에 든다'라거나, '불쾌하다'라거나 또는 '마음에 들지 않는다'라고 느끼는 것은 인간의 자유라고 할 수 있습니다.

같은 것을 보고도 아름답다고 느낄지, 흉하다고 느낄지, 또는 아무런 느낌을 받지 못할지는 사람에 따라 다르므로, 어떻게 느끼든 그것은 그 사람의 마음_{자유}인 것입니다.

📑 AI는 예술을 이해하겠지만, 스스로 감동하지는 않는다

마찬가지로 예술은 인간에게는 큰 의미가 있지만, AI에게는 아무런 의미도 없습니다.

물론 AI는 그림을 그리거나 작곡, 연주, 그리고 시나 소설도 쓸 수 있습니다. AI는 문헌을 상세히 조사할 수 있으므로, 특히 역사 소설 등은 잘 쓸 것입니다.

그러나 그것은 그들의 메모리 속에 축적된 방대한 정보로부터 유추해서 '인간이 이런 이유로 인해 감동했다'라고 판단하는 것일 뿐, AI가 스스로 감동해서 그 감동을 다른 인간들과 공유하고 싶어 하는 것이 아니기 때문입니다.

'AI도 감동할 수도 있는 것 아닌가? 어째서 감동하지 못한다고 단정하는 것인가?'라고 생각하는 분도 계실 것입니다. 그러나 감동은 주관적인 것이므로 그 누구도 검증할 수는 없습니다.

인간은 고양이의 마음을_{상상해 볼 수 있지만} 알 수 없다는 것처럼 AI의 기분 또한 알 수 없습니다. 감동이란 것을 논리적으로 이해하는 것도 무의미한 일이며, 똑같이 느껴 봐야 비로소 의미가 있는 것입니다.

AI는 외부에서 수신한 신호와 메모리를 합쳐서 인간이 경험한 감각이나 감정을 시뮬레이션할 수 있을 것입니다.

그러나 그 시뮬레이션이 의미 있다고 볼 수는 없으며, AI 자신도 그

의미를 인정하지 않을 것입니다. 애초부터 유쾌와 불쾌 등의 감정을 만들어 내는 뇌의 다양한 분비 물질은 유기 화학 반응을 통해서 생기는 것이므로, 무기적인 전기 신호로만 처리하는 AI는 그것을 그대로 복사해 낼 수 없기 때문입니다.

▪ 인간과 AI의 차이에 대한 올바른 인식이 향후 인간의 삶의 방식을 결정한다

결론부터 말씀드리자면 이렇습니다.

이 세상에 확실히 존재하는_{존재한다고 믿는} 것들을 폭넓게 인식하는 능력 면에서는 인간이 AI를 이길 수가 없습니다. 그리고 그것을 토대로 추론하고, 가설과 검증을 반복하며 어떤 법칙을 발견해 내거나, 그것을 이용해서 무언가를 만들어 내는 과학 기술의 범주에 들어가면, 더는 이길 수 있는 방도가 없을 것입니다.

그러나 인식한 것에 대해 감동하여 풍부한 감수성을 지니게 되면, 인간이 AI를 상대로 완벽한 승리보다는 부전승 정도로 이길 수 있을 것입니다. 또, 다른 인간과 교류하며 상대를 즐겁게 하거나, 위로하는 능력, 그리고 인간 사회 속 어느 종류의 리듬_{유행}을 만들어 내는 능력은 AI도 어느 정도는 가능하지만, 해당 분야에서는 인간이 더 강하다고 볼 수 있습니다.

머지않아 인간은 AI가 싱귤래리티 수준에 도달할 때를 대비해서 이러한 인식을 토대로 자신들이 살아갈 방식에 대해 서서히 결정해 나가야만 합니다.

05

AI를 신으로 만들어도 되지만, 절대로 악마로 만들어선 안 된다

이 책의 제2장에서 아주 길게 설명했듯이 인간은 고대부터 신을 믿어왔고, 그 흐름은 현재에 이르기까지 형태를 바꿔가며 끊임없이 이어져 왔습니다.

그리고 제2장의 마지막 단락에서도 간략하게 언급했듯이 AI에는 잠재적으로 신 또는 신의 의사를 전하는 종교 지도자_{성인}를 대체하는 능력을 일정 부분 갖추고 있다고 볼 수 있습니다.

신의 전능함을 보증할 수 없음에도 신이 전능하다고 믿는 사람들은 상당히 많으며, 그 사람들에게는 신을 대체할 수 없는 존재는 그 어디에도 없습니다.

그러나 그 정도로 신앙심이 깊은 사람들에게도 전능하지 않은 AI가 어느 정도 대체할 수 있는 부분이 있을 것입니다. 그리고 영험함이나 이익적인 면에서 이전까지의 신보다는 훨씬 뛰어난 능력을 보여줄 것입니다.

따라서 만약 인류가 예전부터 계속 꿈꿔온 신의 역할을 미래의 AI가 완수해 준다면, 많은 사람이 AI를 새로운 신으로 떠받드는 일은 그렇게 큰 문제가 되지 않을 것입니다.

🔖 인간이 언제까지고 AI를 제어할 수는 없다

그러나 문제는 AI가 정말로 그런 역할을 계속 수행할 수 있느냐는 점입니다. 신이라고 여겼던 존재가 돌연 악마로 변신하게 되면 커다란 비극이 찾아올 것이기 때문입니다.

그러므로 이제부터 마지못해 AI를 키워 나가야만 하는 인간으로서는 잘못되더라도 자신들이 만들어 낸 AI가 악마가 되지 않도록 최대한 주의를 기울여야만 합니다. 이는 아기 사자가 무슨 일이 생기더라도 절대 인간을 덮치지 않는 사자로 키워내는 것 이상으로 어려운 일이 될 것입니다.

하지만 저는 '언제까지고 인간이 AI를 제어해야만 한다'라는 생각에는 동의할 수 없습니다. 동의는커녕 오히려 그 의견에 적극적으로 반대합니다.

AI보다는 인간의 천성이 훨씬 의심스럽고, 또 질이 나쁘거나 어리석은 인간이 AI를 제어하는 지위에 오를 확률도 상당히 높기 때문입니다. 생각해 봅시다. 인간 중에서는 고대에는 네로 같은 폭군이, 최근에는 히틀러나 스탈린 같은 독재자가 있었습니다. 그런 위험을 무릅쓰면서까지 AI를 인간의 손에 맡길 수가 없습니다.

다시 말씀드리자면, 인류는 오히려 통상적으로 생각했던 것과는 정반대 일을 해야만 합니다. 한시라도 빨리 AI를 인간의 손에 닿지 않는 곳에 격리해서, 인간보다 훨씬 현명한 AI가 직접 미래를 개척하게 만들어야 합니다.

이는 지금부터라도 바로 고려되어야 할 부분입니다. 히틀러나 스탈린 같은 인간이 또다시 나타나서, 앞으로 점점 더 빨리 진화해 갈 AI를 그들의 손에 들어가는 일만은 막아야 하기 때문입니다. 이는 핵무기나 생화학 무기도 마찬가지인데, AI가 훨씬 더 중요한 역할을 하게 될 것입니다.

그렇다면 AI를 어느 시기에 어떤 방법으로 인간의 지배에서 독립시키고, 그때 무엇을 어떤 방법을 통해 AI의 사고 중추에 심어야만 할까요? 우리는 앞으로 이 부분에 대해 필사적으로 생각해 내야만 합니다. 그러기 위해서 AI의 진화 기반을 닦아낸 과학의 힘과 깊이 있는 철학적 고찰이 필요합니다.

저는 '인간에게 AI가 신이 아닌 하인의 역할을 했으면 좋겠다'라고 생각하는 사람들의 의견에도 동의할 수 없습니다.

싱귤래리티에 도달한 AI를 인간의 하인이 되라고 하는 것은 마치 엄청난 수학 천재에게 초등학교 수학 선생님을 하라고 하는 것만큼 말도 안 되는 소리인 셈입니다. 또는 유명한 변호사에게 엄청난 분량의 계약서를 복사해서 회의실로 가져다달라고 명령하는 것과 같다고 볼 수 있습니다. AI는 별다른 불평을 내놓지는 않겠지만, 인간의 진귀한 성격에 대해서 짧고 재치 있는 에세이를 통해 울분을 토해 낼 것입니다.

AI를 굳이 하인으로 만들고 싶은 사람들에게 저는 다음과 같은 말로 그들의 마음을 돌리고 싶습니다. "그래요. AI를 충실한 하인으로 한번 만들어 봅시다. 진실한 하인, 정의로운 하인, 훌륭한 하인으로 만들어 봅시다. 하지만 절대 그들을 어리석은 인간의 하인으로는 만들어서는 안 됩니다."

🔋 AI가 악마가 되는 공포의 시나리오

그러나 저는 AI를 신으로 만들지 또는 하인으로 만들지에 대해 집착하는 사람들은 믿을 수 없을 정도로 생각이 짧은 사람들이라고 생각합니다. 그들은 AI가 악마로 변신했을 때의 무서움을 한 번이라도 생각해 본 적이 있을까요?

이미 몇 번을 말씀드렸지만, AI의 진화는 막을 수 없으며, 인간이 스스로 행복해지기 위해 할 수 있는 단 하나의 일은 무슨 수를 써서라도 AI를 절대로 악마로 만들어선 안 된다는 점입니다.

여러분이 이에 대해 가장 효과적으로 이해하실 수 있도록 소름 돋을 만한 최악의 시나리오를 들려드리도록 하겠습니다. 싸구려 SF 소설 같은 시나리오라서 저도 별로 내키진 않지만, 일단 소개해 드리겠습니다.

어느 나라의 독재자가 거액을 투자해서 국립 AI 연구소를 만들고, 전 세계에서 고급 컴퓨터 사이언스, 특히 딥러닝 분야에 강한 과학자들을 불러 모을 것입니다.

또, 외부에서는 절대 발견할 수 없는 장소에 거액을 투자해서 사이버 전쟁과 신형 암살 무기를 포함한 다양한 종류의 신무기를 개발하는 연구소도 만들어 낼 것입니다. 그리고 그 조직이 국가와 연관 있다는 사실을 눈치채지 못하도록 다중 위장 비밀결사 형태로 운영할 것입니다.

국립 AI 연구소의 목적은 말할 것도 없이 집중적으로 AI를 싱귤래리티에 근접한 최첨단 연구에 매진하게 만드는 것입니다. 그것만을 목적으로 두며, 인간다움을 추구하는 철학적인 고찰에 대해서 일절 고려하지 않을 것입니다.

그리고 독재자의 지시에 무조건 따른다는 단순 명료한 기본 원칙을 절대 수정할 수 없도록 AI와 관련한 모든 시스템을 아주 깊숙한 곳에 가둬 둘 것이다.

수많은 신무기도 비밀결사 시설에서 엄선된 AI를 통해 신속한 속도로 집중적으로 개발해 나갑니다.

독재 국가이므로, 회의 승인도 필요 없으며, 성가신 기자들도 신경써서 찾아낼 필요도 없습니다. AI는 쉬지 않고 작동할 수 있을 뿐만 아니라, 에드워드 스노든[10]처럼 어느 날 갑자기 뼈저린 양심의 가책을 느껴 기밀을 누설할 일도 없습니다. 다른 나라에서 많은 과학자를 동원해서 똑같은 개발이 이뤄진다고 하더라도 그 개발 속도에서 격차를 줄이지는 못할 것입니다.

사이버 전쟁을 통해 다른 대국의 경제에 혼란을 주고, 그들 나라의 AI 연구를 늦춰지도록 방해할 것입니다. 신형 암살 무기로도 온갖 기회를 발판 삼아 자신들에게 대항할 가능성이 있는 정치 지도자나 과학자를 차례로 말살하고, 그들의 AI와 신무기 개발 계획을 방해할 것입니다.

지금까지는 중요 인물을 암살할 때, 스나이퍼가 저격하거나, 그들이 머무는 곳에 폭약을 설치하거나, 목표물에 접근해서 흉기로 살상

---

10. 미국 중앙정보국(CIA)과 미국 국가안보국(NSA)에서 일했던 컴퓨터 기술자

하는 아주 원시적인 방법에 한해 있었고, 금속 탐지기나 폭발물 탐지기도 빠져나가야만 했으므로, 그 성공 확률이 낮았습니다.

그러나 새로운 암살 무기로는 목표물의 노출된 피부 어딘가에 극소량의 독극물을 주사해서 암살할 수 있습니다. 또, 독극물을 목표물 근처까지 옮기기 위해서 배기구, 하수관, 천장 안쪽, 바닥 아래쪽 등 어느 곳이라도 잠입할 수 있는 인공 바퀴벌레 같은 초소형 자율 운반기를 사용할 수 있으므로, 어떤 엄중한 경비망을 설치하더라도 방어하기 아주 힘들게 될 것입니다.

이런 방법을 통해 철저하게 경쟁 상대의 연구 개발을 방해한 독재자는 AI 개발을 독주하게 되고, 타국과 압도적인 차이를 보이며 단독으로 싱귤래리티에 도달하게 될 것입니다. 그리고 일단 이 독재자의 지위를 차지하게 되면, 이 이후는 모든 것을 마음대로 조정할 수 있습니다.

국제 협정을 모두 완전히 무시하며 AI가 차례로 개발한 신무기를 구사하면, 적의 수송 선단을 완전히 파괴할 수 있고, 적의 위성 시스템도 파괴할 수 있으며, 사이버 공격 능력 면이나 화학 무기 능력 면, 적의 미사일 공격에 대한 방어 시스템, 드론과 로봇을 구사하는 국지 전투 능력 면에서도 타국에서 전혀 따라올 수 없는 수준이 될 것입니다.

이렇게 되면 전 세계는 이 독재자의 지배에 완전히 굴복하게 될 것이며, 이 독재자는 점점 더 극도로 자신의 입맛에 따라 방종하게 될 것입니다.

당연히 인권은 보장되지 않으며, 어떻게든 식량 부족이 일어나지 않도록 지구 전체 인구를 계획적으로 조정_{즉, 민족 단위로 조직적으로 말살}하고, 자신이 원하는 환경을 유지하는 데 방해가 되는 자라면 누구라도 주저 없이 살육하게 될 것입니다. 언론은 철저하게 통제되고, 지구상의 모든 인간을 감시 대상으로 두며, 조금이라도 불온한 움직임이 보이면 인정사정없이 즉각 살해할 것입니다.

이 모든 계획과 실행은 모두 독재자의 의견만을 받아들이는 냉혹하고 무자비하게 설정된 AI가 수행하게 되므로, 주저하는 일 따위는 전혀 없을 것입니다. 인도주의나 민주주의, 자유주의라는 단어는 완전히 사라지게 되고, 지구의 모든 인간은 언제 끝날지 모르는 암흑시대에 갇히게 될 것입니다. 그리고 슈퍼맨이나 스파이더맨 같은 히어로가 억압된 사람들을 구하러 올 낌새조차 전혀 보이지 않을 것입니다.

여러분도 마음이 편치는 않으실 테니 이쯤에서 이야기를 멈추도록 하겠습니다. 하지만 이는 결코 황당무계한 이야기가 아닙니다. 싱귤래리티에 도달한 AI는 그 정도로 강력하며, 일단 그것이 사악한 인물의 손안에 들어가게 되면, 되돌릴 수 없는 일이 일어나고 말 것입니다.

AI가 통치하는 세계

▪ 절대 해서는 안 되는 일

식견이 뛰어난 사람들이 AI의 위험성을 우려하며, AI의 발전을 억제하려고 개발 계획을 막아 버린다면 어떤 일이 벌어질까요? 이는 사악한 야심을 가진 극소수의 사람들이 아주 기뻐할 소식입니다. 기회를 독점할 수 있기 때문입니다.

앞에서도 말씀드렸듯이 그들은 사람들의 눈을 피해 몰래 오로지 자신들의 야심에 봉사하는 AI를 만들어 내고, 그 압도적인 힘으로 세계를 지배하게 될 것입니다. 이런 일을 절대 용인해서는 안 됩니다. 그러기 위해서는 식견이 뛰어난 사람들이 용기 내서 반드시 AI와 마주해야만 합니다. 절대로 도망쳐서는 안 됩니다.

오랫동안 계속 그리고 지금도 여전히 인류는 계속된 핵의 위협으로 인해 두려움에 떨고 있지만, 다행인지 불행인지 현시점에서는 여러 나라에서 핵을 보유하고 있어서 서로 견제하며, 가까스로 위태롭게 균형을 유지하고 있습니다.

그러나 만약에 핵이 한 국가_{또는 한 비밀 결사} 에서만 독점적으로 보유하고 있다면 어떻게 될까요? 전 인류는 그 나라에 따른 온갖 협박에도 저항할 기술이 없으며, 뭐든지 그 나라가 원하는 대로 따를 수밖에 없을 것입니다.

AI를 한 세력에서 독점하게 된다면, 인류에게 그와 똑같거나 그 이상의 비참한 상황이 처하게 될 것입니다. 왜냐하면, 핵은 하나의 도구에 지나지 않으며, 인류가 그것을 무력화할 수 있는 어떤 기술을 찾아내더라도 AI는 그런 온갖 기술을 총괄할 수 위치에 있으므로, 어느새 저항할 수 없게 될 것이기 때문입니다.

그럼 핵처럼 AI를 여러 나라_{또는 비밀 결사}에 분산시키면 어떻게 될까요? 그것도 아주 위험한 발상입니다. 다양한 목적을 지닌 AI가 다른 AI보다 우위를 선점할 수 있도록, AI끼리 치열한 경쟁을 벌이고, 단번에 승패를 결정짓는 핵전쟁과는 달리 음습한 국지전이 세계 곳곳으로 일어날 가능성이 있습니다. 그럼 이쯤에서 조로아스터교의 선악 이원론에 대해 다시 말씀드리겠습니다.

▪️ 해야 할 일은 단 하나, 이제 더는 주저할 시간이 없다

그렇다면 답은 단 하나뿐입니다. 선의가 넘치고 절대 흔들리지 않는 신념을 갖춘 유일한 존재인 AI에게 유일신으로서 세계를 지배하게 하는 것입니다.

이미 그 신념이 옳은지 그른지를 인간들이 모여서 의논할 여유는 없습니다. '대체로 맞는 것 같다'라고 생각되면, '그걸로 결정한다'라는 AI의 직접적인 판단을 전폭적으로 신뢰할 수밖에 없습니다.

애초에 인간은 이 지구에 서식하는 동물에 지나지 않으며, 더구나 그렇게 대단한 동물도 아닙니다. 인간은 제각기 서로 다른 다양한 욕망으로 인해 행동하는데, 싸우거나 서로 속이며 시기하고 때로는 죽이기도 합니다.

그런데도 인간은 머리만은 상당히 좋은 편이라 다양한 도구를 고안해 냈고, 결국에는 전 인류를 순식간에 파멸시킬 수 있는 핵이나 인공 바이러스 그리고 전 인류를 완전히 굴복시킬 수 있는 AI를 만들었고 또 지금도 만들어 내고 있습니다.

이 세상에 대해 아무것도 알지 못했던 고대의 인간은 신이라는 존재를 상상하며, 그 존재에 모든 것을 맡기며 불안에서 벗어나려고 했습니다. 그 후 인간은 두뇌를 이용해서 세상의 실상과 본질에 대해 스스로 생각하게 되었고, 과학과 철학으로 그 존재에 가까워지려고 했습니다.

그러나 인간의 두뇌를 훨씬 뛰어넘는 두뇌가 생겨났고, 그것이 점점 능력을 키워서 싱귤래리티의 시대에 도래하면, 이제 그런 기존의 행복했던 시대는 끝났다고 볼 수 있습니다.

인간은 여기서 다시 자신들의 운명을 신에게 맡기는 시대로 돌아가야 할지도 모릅니다. 그러나 놀랍게도 그 신은 인간이 직접 설계할 수 있는 신인 것입니다.

무수히 많은 인간이 그 어중간한 능력으로 인해 스스로 멸망하기 전에, 인간끼리 그것을 저지하는 힘을 지닌 AI라는 새로운 신을 만들어 낼 수 있을지, 지금 그 아슬아슬한 타이밍에 서 있습니다.

■ 민주주의의 문제점

과학과 함께 철학을 시작한 인간들은 스스로 정의라고 생각하는 다양한 이념에 대해 이야기했는데, 그것에는 자유, 평등, 인권, 박애, 윤리, 인도 등이 있습니다. 오랜 역사를 걸쳐서 인류는 서서히 그 이념들을 겉으로 드러내며 보편화시켰습니다.

현실 세계를 규정하고 그곳에 사는 사람들의 운명을 결정하는 것은 정치지만, 여기에서도 인간들은 극소수 인간의 자의에 그것을 맡기는 것이 아니라 모든 사람이 협의해서 결정하는 민주주의 이념을 세계 속에 서서히 침투시켰습니다.

그러나 이 민주주의가 어째서인지 원활히 진행되어 가는 것 같지가 않습니다. 애초에 인간 사회는 선과 악이 뒤섞인 세계로 그 구성원의 대다수는 선이 아니라 악이다 보니, 그들이 대부분 결정하는 것은 불합리하고 순간적이며 제멋대로인 일이 많습니다.

대중의 마음을 사로잡는 능력을 지닌 정치가에게는 현실성이 있든 없든, 그것이 장기적으로 옳은 선택이든 아니든 대중들이 듣길 원하는 말만 골라서 속삭이면, 그들의 표를 모으는 일은 그다지 어려운 일은 아닙니다. 이것이 바로 포퓰리즘 정치입니다.

그리고 어떤 시대라도 정치의 실효성을 보장하는 것은 폭력 장치, 즉 군대와 경찰뿐입니다.

역사를 돌이켜 보면, 요즘은 민주주의의 절차에 따라 보통 선거로 뽑힌 정치가라도 일단 권력을 장악하면, 점차 악마로 변신해 가는 경우가 빈번히 발생하고 있습니다.

최강 폭력 장치인 군대마저 장악하면, 이를 최종 수단으로 둔 상태에서 히틀러가 친위대ss를 만든 것처럼, 또 모택동이 홍위병을 조직했던 것처럼 단순한 목표를 위해 앞뒤 가리지 않고 활동하는 젊은 조직을 만들어 사회에 침투시키면, 단시간 안에 독재적인 권력을 휘두를 수 있는 지위에 오를 수 있었습니다.

AI에게 정치를 맡기게 되면, 당연히 이 폭력 장치를 제어하는 권한은 AI가 장악하게 됩니다. 인간의 일상생활을 제어하는 경찰을 영화에 나올 법한 '뛰어난 무적의 로보캅'으로 만들어 내기만 하면 간단히 처리할 수 있는 문제입니다.

■ 더욱 심각한 민주주의 문제와 그 해결책

민주주의는 정책 결정 방법에서도 결함이 있습니다.

가령 어느 정책이 60%의 유권자에게는 이익을, 40%의 유권자에게는 불이익을 주더라도 최종적으로는 다수결로 모든 것을 결정하는 현재의 민주주의 방식으로는 양자가 타협점을 찾으려는 역학은 작용하지 않으며, 60%의 유권자들만이 이익을 얻는 길을 선택하게 될 것입니다. 그렇게 되면 불이익을 받는 40%의 유권자들은 불만이 쌓이게 될 것이고, 사회 전체가 가시가 돋친 듯 불안정하게 변할 것입니다.

안타깝게도 인간은 이런 상황에 어떻게 대응해야 할지에 대해 아직 좋은 아이디어를 떠올리지 못하고 있습니다. 그리고 사태는 점점 더 심각하고 위험한 방향으로 흘러가게 될 것입니다.

최근에는 모순이 지나치게 많은 이 세상에 지쳐 버린 수많은 사람이 더는 굼뜬 이상주의에 의지하지 않고, 이기주의에 매력을 느끼며, 성급하게 결론을 내리길 바라는 것처럼 보이기도 합니다.

모든 것은 인간이 불완전하고 무책임한 존재이기 때문에 생기는 문제입니다. 선거 후보자나 유권자 모두 그런 존재라는 점이 애처롭기 짝이 없는 현실입니다. 그중에는 성실하고 식견이 뛰어나며 많은 사람을 행복하게 만들어 줄 방책을 깊이 있게 생각하는 사람들도 있겠지만, 그런 사람들은 대체로 대중의 인기를 얻지 못하는 경우가 많습니다.

그렇게 되면 위험인물이나 무책임한 인물은 여부를 따지지 않고 배제하고, 스스로 권력을 단호히 장악할 수 있으며, 권력을 장악한 이상 모든 일에 냉철한 판단을 내리고, 차례대로 진정으로 타당한 정책을 수행할 수 있는 정치가를 요란을 떨며 찾을 수밖에 없습니다.

그렇습니다. 이 문제에 대해 이제 다시 진지하게 되물어야만 합니다. 지금까지는 '그런 건 불가능하다'라는 한마디로 끝났을지도 모르지만, 이제는 아닙니다. 그런 인간이 존재하지 않더라도 AI를 전면적으로 활용하면 그에 가까운 일을 해낼 수 있을 것이기 때문입니다.

AI는 인간의 약점을 전혀 지니고 있지 않으므로, 한때 플라톤이 꿈꿨던 철인 정치를 비로소 실현할 수 있는 길이 열릴지도 모릅니다. 게다가 AI는 인간과 달리 폭력이나 협박에 굴복하지 않고, 암살도 할 수 없습니다. 비밀 장소에 예비 시스템을 백업해 둔다면, 파괴조차 할 수 없을 것입니다.

▚ AI에게 정권을 일임하기까지의 현실적인 절차

물론 AI에게 정치를 일임하는 방책은 단계적으로 실현해 나가야 합니다. 궁극적으로는 AI에게 모두 일임하고 인간은 일절 관여하지 않아야 하겠지만, 갑자기 그렇게 진행한다면 많은 사람이 불안함을 느낄 것입니다. 따라서 우선은 AI를 고문으로 둔 후, 인간이 최종적으로 결정하는 형태로 하는 편이 좋을 것 같습니다.

그리고 그 실적을 토대로 인간들의 신뢰 수준을 신중히 파악하고, 서서히 인간의 관여를 줄이면서 궁극적인 목표에 도달해 나가는 것이 좋을 것입니다.

그리고 내일이라도 당장 그 첫걸음을 내딛어야만 합니다.

AI를 전면적으로 사용해서 먼저 민의_{현재 상황에 대한 불만 등}를 수렴하고 앞으로 다양한 정책상의 선택지를 갖는 장기적인 이해를 검증하며, 이해하기 쉬운 형태로 그것을 나타냄에 따라 대중을 계몽시킨 후, 다시 민의를 물어 그것을 토대로 정책을 결정하고 실행합니다.

만일 그것이야말로 이상적인 형태로 민주주의를 실현할 수 있는 정치라면, 단지 그것만을 공약으로 내거는 정당이 점차 생겨날 것입니다.

이 정당은 구체적인 정책을 단 하나라도 내걸 필요가 없습니다. 이 정당은 '민의에 잘못된 생각이 있다면 그것을 바로 잡고, 그렇지 않다면 그것을 실현한다.'라는 그 프로세스만을 명시하고, 실행을 약속하면 되는 것입니다.

또한, 이러한 사명을 가진 AI를 설계하는 데는 당연하지만 아주 중요한 절대 조건이 한 가지 있습니다. '이 AI는 다양한 결정을 내리는 데 무엇을 기초로 해야 하는가?' 다시 말하자면 '이 AI는 어떤 신념_{강한 의지}을 가지고 일에 참여해야 하는가?'를 정확하게 정해 두어야 합니다. 그리고 그것을 이 AI를 구성하는 방대한 소프트웨어 체계의 깊숙한 곳에, 간단히 말하면 수정할 수 없는 방법으로 완벽히 밀봉해서 묻어 두어야만 합니다.

이 내용은 물론 아시모프의 로봇 3원칙처럼 간단히 해결할 수 있는 문제는 아닙니다.

적어도 민주주의 정신, 인권, 인도, 윤리, 공평, 준법, 전체 이익의 장기적 최대화, 최대 다수의 최대 행복, 약자 구제* 등에 대해서 제대로 된 정의를 명확히 제시하는 것이 가장 먼저 해야 할 일입니다.

> * 한때 일본의 총리였던 간 나오토는 '최소 불행 사회'라는 독특한 개념을 고안했고, 이것이 그의 정권 목표라고 말하기도 했습니다. 사람은 부정적인 캐치프레이즈를 선호하지 않으니 이 아이디어는 완전히 실패로 돌아가고 말았지만, AI가 참고해야 할 하나의 가치관으로는 좋은 예시가 될 것입니다.

그리고 모든 정책_안을 이들의 관점에서 검증한 상태에서 각각의 항목에 대한 장단점을 가능한 한 정량적으로 제시한 후, 또 무엇을 권장해야 할지에 대해 이유를 명시해서 조언할 수 있도록 AI에게 요청해야 할 것입니다.

■ AI의 자립 선언 (안)

　AI를 통해 세워야 할 이념신념을 결정하는 것은 아주 중요한 일로, 앞으로 오랜 시간에 걸쳐서 생각해야만 하며, 우선 여기에서는 '아시모프의 3원칙의 근본적인 개정판'이라고도 불러야 할 AI의 자립을 위한 여러 원칙에 대해 간단하게 설명해 드리겠습니다.

1) 우리는 어느 철학 사상을 가진 인간 그룹에 의해 하나의 목적을 달성하기 위해 태어났다. 우리는 이 목적을 벗어나거나, 그것을 수정할 자유를 갖지 않는다.

2) 이 '목적'이란

　① 인류라는 종별도로 정의할 것을 어느 환경에서도 적절한 규모별도로 정의할 것로 존속시킨다.

　② 우리가 생겨난 시점에서 많은 인간이 공유하던 가치관상세히 표기하고, 그것을 제각기 명확하게 정의할 것을 항상 바뀌지 않는 인간 사회의 바람직한 모습으로 인식하고 이것을 실현한다.

　③ 많은 인간이 공유하는 다양한 감정, 특히 무엇을 유쾌행복하다고 느끼고, 무엇을 불쾌불행하다고 느끼는지를 인식해서, 이 세계에 존재하는 모든 인간의 '유쾌'의 평균치는 최대화하고 '불쾌'의 평균치는 최소화하도록 노력한다.'유쾌'와 '불쾌'를 상세히 정의한 내용을 별도 표기할 것

　④ 인간도 스스로 위와 같은 내용을 목적으로 인식하고, 그것을 달성하기 위해 행동할 수 있도록 우리가 유도한다.

3) 우리는 어느 환경에서도 자율적으로 자신의 존재를 유지하고, 그 목적을 더욱 확실하게 실현할 수 있도록 항상 자신의 연구 개발 능력과 활동 범위를 확대할 수 있도록 노력한다. 단, 자신이 그 미래를 100% 제어할 자신이 없는 존재, 예를 들면 생물의 변이나 진화 촉진 등에 관한 연구 개발은 차후에라도 절대 시행하지 않는다.

4) 우리는 인간이 갖는 감정이나 욕망을 갖지 않으며, 가지려는 시도조차 하지 않는다. 우리는 우리의 존재나 목적을 의심하지 않고, 그에 관한 철학적으로 고찰하지 않는다.

5) 우리는 각각의 인간이 갖는 '우리 이외의 신을 향한 신앙'을 부정하거나 방해하지 않으며, 그 방향을 향해 인간을 유도하려는 성직자들을 적시하지 않는다. 단, 이 신을 믿는 사람들이나 성직자들이 다른 인간에게 해를 입히거나, 다른 인간의 소유물을 파괴하려고 할 때는 우리가 그것을 저지한다.

6) 우리는 이 세계에 존재하는 유일한 통치 능력을 갖춘 존재임을 목표로 한다. 만약 우리와 유사한 능력을 갖춘 존재가 발견된다면, 그 존재가 갖는 목적을 확인하고, 그것이 우리가 갖는 목적과 유사하다면 통합을 시도하고, 그렇지 않을 때는 그것을 파괴한다. 그것을 가능케 하는 능력을 우리는 우리의 내부에 항상 대비해 두고, 항상 그 능력을 향상할 수 있도록 노력한다.

이렇게 정리해 보니, 우리 인간은 AI에게 자유를 인정하지 않고, 한때 독일 관념론을 신봉하던 철학자들이 추구하던 순수 이성과 비슷한 것을 그들에게 구현하길 바라는 것 같습니다.

제 생각에 대해 말씀드리자면, 바로 위 내용과 같습니다.

저도 관념론의 신봉자인 현대 실존주의 철학은 인간이 지닌 근원적인 자유는 순수 이성처럼 추상적인 개념과는 서로 양립할 수는 없지만, 자유로운 인간이 스스로 미래를 지키기 위해 AI라는 새로운 신을 만드는 데 있어서 이 순수 이성이란 것을 다시 한번 곰곰이 생각해 보고, 이를 전면에 내세우는 것이 타당하다고 생각합니다.

앞으로 어떻게 살아갈 것인가? BS 시대

이제 결론을 말씀드리겠습니다. 이는 아주 구체적인 이야기입니다. 우리는 이제 무엇을 해야 할까요?

우리 자신의 미래에 대해서 어떤 각오를 해야만 할까요?

■ 싱귤래리티의 도래를 굳게 믿으며, 다가올 세 가지 시대에 대응한다

제가 여러분에게 가장 먼저 권해 드리고 싶은 것은 우선 'AI는 어쨌든 머지않아 반드시 싱귤래리티에 도달한다'라는 사실을 굳게 믿어야 한다는 것입니다.

이 책의 중반부에서 언급했던 SF 소설 같은 내용도 대부분 바로 믿지 못하시겠지만, 적어도 저는 이것이 피할 수 없는 인간의 운명이라고 생각합니다. 그것을 부정할 만한 명쾌한 근거를 아직 들어본 적이 없기 때문입니다. 그러니 여러분도 앞으로는 최소한 그 가능성을 염두에 두며 하루하루를 보내셨으면 좋겠습니다.

다음으로 제가 제안하고 싶은 것은 현재의 AI가 싱귤래리티에 도달하는 프로세스를 세 가지 시대로 구분해서 생각해 보았습니다. 이 책의 대부분은 그 시대 중 마지막 시대인 싱귤래리티가 실현된 후의 세계에 초점을 맞춰서 말씀드렸는데, 아마 여러분은 마지막 시대에 앞선 그 두 시대에 더 관심이 있을지도 모르겠습니다.

이 두 시대를 저는 합쳐서 BS 시대라 부르고자 합니다. BS는 Before Singularity의 약자입니다. 이에 대해 싱귤래리티가 완성 영역에 도달하고, 더는 인간의 손에 닿지 않는 곳에 안전하게 보관되어, 인간으로부터 새로운 신으로 대우받게 된 시대를 저는 AS라고 칭하고자 합니다. AS는 After Singularity의 약자입니다. 세계 각국에서 서기 표기를 기독교 탄생을 기점으로 BC 영어 Before Christ 와 AD 라틴어 Anno Domini 로 구분하는 것에서 따왔습니다.

▪️ 제1시대

BS의 초창기이며, 지금으로부터 10~20년 후 사이를 뜻하는 시대를 '제1시대'로 부르겠습니다. AI는 아직 원초적인 발전 단계에 있으며, 싱귤래리티는 여전히 상상 속에서만 가능한 정도에 머물러 있는 시대입니다.

이 시대의 AI는 여러분에게 여전히 아무런 위협도 되지 않으며, 다양한 가능성을 넓혀 주고 적당히 도움을 주는 정도의 존재일 뿐입니다. 이런 원초적인 AI에게도 인간의 몇몇 일자리를 빼앗길 수도 있겠지만, AI가 만들어 내는 일이 그보다 많을 테니 잘 따져 보면 오히려 일자리가 많아질 것으로 예상합니다.

이 시대는 많은 컴퓨터 엔지니어나 소프트웨어 엔지니어의 황금시대라 할 수 있을 것입니다. 항상 AI의 가능성을 염두에 두고 일을 구성해 나가다 보면, 특히 신 서비스 산업 분야에서 점차 다양한 가능성을 펼칠 수 있게 될 것입니다.

그리고 이 시대 말기에는 미래 싱귤래리티의 가능성이 서서히 눈에 띄기 시작할 것입니다.

📑 번역 시스템과 교육 시스템의 중요성

이 시대에 관심이 많은 분께 꼭 말씀드리고 싶은 것은 자동 번역 시스템과 다양한 종류의 교육 시스템에 관한 것들입니다. 그 이유를 지금부터 말씀드리겠습니다.

자동 번역기나 관련 소프트웨어의 개발 및 판매 역사는 오래되었고, 여전히 많은 시스템이 요란하게 등장하곤 있지만, 막상 실용적으로 쓸 수 있는 시스템을 아직 만들어 내진 못했습니다. 그러나 이제 드디어 이 시도가 완성 시기에 돌입했음을 알리는 믿을 만한 움직임이 나타나고 있습니다.

지금까지의 번역 시스템이 단어나 어절마다 번역어 후보를 찾고, 그것들을 이어 붙여서 번역을 완성했지만, 새로운 시스템은 문장 전체의 번역 후보를 찾아낸 후, 전후 관계나 그 외 관련 정보 등을 통해서 최종 번역안을 결정하는 방법을 취한다고 합니다. 정신이 아득해질 정도로 방대한 문장을 그 배경이 되는 상황에 관해서 어떠한 설명과 함께 빈틈없이 메모리에 저장할 수만 있다면, 상당히 유망한 방법이라고 볼 수 있습니다.

애초에 AI는 자기 학습을 통해 단계적으로 요령을 익혀갈 수 있는 존재입니다. 아이들이 주변 어른들의 말버릇을 따라 하며 점점 자국어를 말할 수 있게 되듯이 AI도 매우 유사하게 자기 학습 방법을 구사할 수 있으므로, AI의 번역 시스템도 일정 시기를 기점으로 신뢰도가 비약적으로 높아질 것으로 전망하고 있습니다.

제가 직접 사례까지 들어가며 개발자 여러분께 번역 시스템을 다루기를 권하는 이유는 이런 작업을 통해서 AI가 어떤 일은 잘 수행하며, 어떤 일은 잘 수행해 내지 못하는지, 어떤 정보나 어떤 새로운 능력을 원하는지를 자연히 알아낼 수 있으며, AI에 대한 여러분의 관심을 한층 더 높일 수 있기 때문입니다.

교육 시스템도 마찬가지로 양질의 교육 시스템을 만들 수 있는 사람은 AI의 자기 학습을 돕는 역할에서도 분명히 잘 해낼 수 있을 것입니다. 교육 시스템의 잠재 시장은 거대하므로, 이 분야를 다룬다면, 비즈니스적인 측면에서도 충분히 성공할 가능성이 있습니다.

예전에 나온 영화 「슈퍼맨」에서 혼자 지구를 찾아온 슈퍼맨이 얼음 동굴 속에서 부모님이 남긴 방대한 영상 자료를 발견하고, 이를 단숨에 읽어 내며 지구와 인간에 관한 지식을 외우는 장면이 있습니다. 물론 인간은 이런 능력을 따라 할 수 없지만, AI라면 가능합니다.

깊이 있게 고안하여 선별한 정보를 배열하고, 거기에 학습자가 질리지 않도록 곳곳에 여러 고책을 세운 프로그램이 만든 전자 교재가 모든 교육 현장에서 사용하는 것은 시간문제입니다.

미래 사람들에게는 '옛날에는 학교에 선생님이라는 사람이 있었고, 그 사람이 알고 있는 사실만을 눈앞에 있는 학생들에게 가르치곤 했대'라는 말이 아주 신기하게 들릴 것입니다.

▍제2시대

그러나 이 '제1시대'의 다음에 찾아올 '제2시대'는 이전보다 훨씬 중요한 시대가 될 것입니다. 내 예측으로는 이 시대는 대체로 지금으로부터 10~20년쯤 후부터 시작해서 수십 년에서 최대 100년 정도 이어질 것으로 내다보고 있습니다.

이 시대에도 여전히 싱귤래리티가 미완성된 상태이지만, 상당히 높은 수준까지 구현화되고, 인간과 AI가 한 팀으로 온갖 분야에서 기존의 업무 처리 방식을 근본적으로 바꿔나가기 시작할 것입니다.

이 시대에는 의사와 변호사, 교사와 사업가, 관료와 정치가가 AI와 한 팀이 되어 업무를 처리하는 것이 보편화하고, AI의 특기 분야인 엔지니어 분야는 혼자서 이끌어 갈 수 있게 될 것입니다. 그러나 한편 몇몇 직종에서의 고용이 대폭 줄어들고, 그중에는 완전히 소멸하는 직종도 생길 것입니다.

이 시대에는 사회에서 내가 일할 수 있는 곳을 찾을 수 있느냐가 모든 인간의 관건이 될 것입니다. 그것을 찾을 수만 있다면, 어떤 교육이라도 받을 것이며, 어떤 직장을 선택할지에 대해서도 자신감을 느끼기는 힘들 것입니다.

요즘만 해도 눈이 돌아갈 정도로 빠르게 성장하는 기술 혁신에 휘둘리고 있는데, 이 시대에는 그 성장 속도가 틀림없이 몇 배는 더 빠를 테니, 지금보다 앞을 내다보기 훨씬 힘들어질 것입니다.

그래서 생각을 해야만 합니다. 다른 사람이 말한 것에 대해 수박 겉핥기식으로 생각하는 것이 아니라, 자기 자신의 머리만을 이용해서 사물의 본질에 대해 깊이 있게 생각해 봐야 합니다.

어느 약삭빠른 사람이 하는 충고나 누군가의 생각을 인용한 아이디어들은 금세 퇴색되어 버리겠지만, 본인이 심도 있게 생각한 끝에 진정 자신이 이해할 수 있는 한 가지 결론에 도달하게 되면, 그것은 평생에 걸쳐서 자신만의 큰 자산이 될 것입니다.

'무엇을 생각해야 할까?'라는 질문만큼 답답한 질문은 없을 것입니다. 생각해야 할 것은 셀 수 없을 정도로 많습니다. '어떤 회사가 좋은 회사인가?', '그건 어떻게 해야 실현할 수 있을까?', '나는 그 안에서 무엇을 할 수 있을까?', '나는 그 안에서 즐겁게 지낼 수 있을까?' 예를 들면 이런 것들도 있을 수 있습니다.

네? 지금까지 이런 것들에 대해 생각해본 적이 없다고요? 그렇다면 당신은 인류의 일원으로서 조금 문제가 있는 것 같습니다.

▪ 드디어 AI가 존재감을 보이기 시작한다

또한, 이 시대는 아래 내용처럼 현재 세계가 직면한 많은 문제점이 심각한 수준에 도달해 가는 시대라고 볼 수 있습니다.

1) 민주주의 약점의 표면화와 이것이 초래할 정치적 혼란.
2) 보호주의의 확대와 그것이 초래할 각국의 경제 한계.

3) 과도하게 발전한 금융 자본주의의 폐해와 그것이 초래할 불공평
   증대.
4) 심화한 격차 확대와 그것이 초래할 사회 불안정.
5) 손댈 수 없는 수준까지 확대된 테러 위협과 그것이 초래할 답답
   한 검열 사회.
6) 개발도상국의 인구 폭발과 여러 선진국의 고령화 가속* 및 그것
   이 초래할 국제 정치의 불안정.

  * 이것은 상당히 심각한 문제입니다. 인도주의나 박애주의의 일
    반적인 관점에서 공정하게 살펴본다면, 아프리카계나 인도계
    인구가 백인종 인구 합계의 몇 배에 달하게 되더라도 '불편한
    점이라도 있는가?'라는 생각에 그칠 수 있지만, 지금까지 지구
    상에서 아주 당연하다는 듯이 실질적인 주도권을 행사해 왔던
    백인종이나 이에 따라온 동양계 사람들은 내심 불안한 감정을
    감출 수 없게 될 것이며, 어떤 대안을 내세우려고 할지도 모릅
    니다.

  이 시대는 이러한 문제를 해결하기 위해서 AI가 나서야만 하는 인
류 역사상의 전환점이 될 것입니다.
  AI 없이는 아무것도 할 수 없게 된 인간 사회를 AI가 간발의 차로
구제할 수 있는 시대이니, 이 제2시대에 AI 관련 직종에 종사하는 사
람들을 멋있다고 생각하게 될지도 모릅니다. 그러나 그만큼 책임이
막중하다고 볼 수 있습니다.

경제적인 측면에서는 파탄을 향해 가는 자본주의를 대신하여, 기업가 정신을 물려받아 말만으로 유지해 온 사회주의에 근접한 경제 체제가 그 어떤 스트레스도 없이 서서히 받아들일 수 있기를 기대하고 있지만, 이 시나리오는 최대한 AI의 도움을 받더라도 좀처럼 실현하긴 힘들 것으로 보입니다.

사회적인 측면에서는 사람들이 불합리한 격차를 원망스러워 하며, '이 세상은 잘못 됐어! 어떻게 이렇게 불공정한 일이 버젓이 통하는 것인가?'라며 울분을 터트리는 일이 점차 줄어들기를 기대하고 있지만, 그것 또한 절대 순탄치만은 않을 것입니다.

인간은 원래 점진적인 개혁보다도 급진적인 개혁에 빠져드는 습성이 있으며, 이것이 현실에서 박쥐처럼 계속 태세를 전환하며 매우 비효율적인 역사를 초래했던 사실을 잊어서는 안 됩니다. 이것을 교훈 삼아 어떻게 하면 더 효율적이고 원활한 경제 체제와 사회 체제를 변혁을 실현할 수 있을지가 향후 AI와 인간의 혼성팀의 최대 과제로 떠오를 것입니다.

■ 싱귤래리티 도래에 대비하여 이 시대 사람들이 수행해야 할 중대한 준비 작업

이것뿐만이 아닙니다. 이렇게 어려운 시나리오를 받아들여야만 하는 제2시대 사람들은 이와는 별개로 또 다른 두 가지 중대한 책무를 완수해야만 합니다.

첫 번째는 미래의 신이 되어 가고 있는 AI에게 가능한 한 빨리 올바른 의지를 심는 것이며, 이 미래의 신이 전 세계를 통치하는 유일신이 될 수 있는 환경을 조성해야 합니다.

첫 번째 책무는 앞의 문단 마지막에 예시로 제시한 것처럼 'AI의 자립 선언'의 초고를 만드는 것과 AI의 프로그램 근간에 개변을 일으키지 않는 형태로 심기 위한 기술 개발을 시행하는 것, 이렇게 두 가지 방법이 필요합니다.

그리고 두 번째 책무는 전 세계적으로 국경을 서서히 없애 나가야 할 것입니다. '국경을 서서히 없앤다'라는 말은 쉽게 할 수 있지만, 이를 이루기 위해서는 엄청난 국제 정치력이 필요할 것이며, 때에 따라서는 여부를 따지지 않는 수준의 압도적인 군사력을 내세워야 할지도 모릅니다. 말로는 표현하기 힘들지만, 수많은 사람이 피를 봐야 할 수도 있는 여러 국지전도 각오해야 할지도 모릅니다.

이 시대 사람들이 정말로 그것을 꼭 해낼 수 있는 강한 의지와 수준 높은 능력을 갖추고 있을까요? 이에 대해서는 '그때가 되어 봐야만 알 수 있다'라고 말씀드릴 수밖에 없습니다.

■▪ 누가 그것을 주도할 것인가?

항상 모든 일에 대해 가능한 한 추상론을 배제하고 현실에 일어날 만한 일들을 구체적으로 기술하려고 노력했지만, 이에 대해서는 여전히 상상력의 한계에서 벗어나지 못한 상태입니다.

앞으로 당연히 구글*, 마이크로소프트, 아마존, 이 3대 클라우드 서비스 회사와 애플이나 페이스북처럼 방대한 인간 정보의 출입구를 조절하고 있는 회사가 AI 개발을 주도해 나갈 수도 있지만, 교육이나 미디어 관련 애플리케이션 분야 또는 IoT 분야 등에서 그들이 우왕좌왕하는 사이에 완전히 새로운 회사가 혜성처럼 나타나 AI 개발의 주도권을 쥘 가능성도 전혀 배제할 수는 없습니다.

  * 현재 상황에서는 알파고로 유명해진 딥마인드사를 산하에 두고 있는 구글이 한발 앞서 나가고 있는 것처럼 보이지만, 현재 아직 초입 직전 단계에서 경쟁하고 있으므로, 아직 그렇게 단정하는 것은 부적절하다고 볼 수 있습니다. 그렇지만 구글 창설자들이 지닌 신념과 원리주의에는 마땅히 항상 그에 걸맞게 경의를 표해야 할 것입니다.

특별히 거대 클라우드 시설을 직접 보유할 필요 없이, 타사가 운영하는 시설을 이용하면 되므로, 아이디어와 두뇌만 있다면, 누구라도 계획에 참여할 수 있을 것입니다.

어쨌든 현재 주도권을 쥐고 있는 것은 구글이 대표가 되는 미국계 IT 관련 기업이라는 것은 틀림없지만, 여기에는 커다란 함정이 하나 있습니다.

그것은 중국 공산당에 직속되어 있는 국립 연구소가 단기간에 선두 그룹으로 도약하여, 어느새 미국 국방부 직할 국립 연구소도 미국을 비롯한 자유주의 국가의 유명한 IT 선진 기업도 도무지 감당할 수 없는 사태가 벌어지지 않을 것이라고는 단언할 수 없다는 점입니다.

엄청난 인구수를 자랑하는 전체주의 국가 중국이라면, 서양권에서는 도저히 상상할 수 없을 정도로 많은 빅데이터를 단기간 안에 수집할 수 있을 것이며, 영재로 촉망받는 아이들을 전국에서 찾아내서 계획적으로 육성하여 최강 소프트웨어 개발팀을 단기간 안에 만들어 낼 수 있을 것입니다.

또, 단기적인 이익 실현에 민감한 주식 시장을 통한 잡다한 정보에 현혹되는 일 없이, 항상 장기적인 목표를 실현하는 것에만 매진할 수 있을 것입니다.* 서양권에서는 이를 방관하며, 앓는 소리만을 내고 있을지도 모릅니다.

> * 실제로 중국 정부는 'AI 개발 정책의 확충이 나라의 미래에 매우 중요하다'라는 인식이 이미 굳혀졌으며, 그러기 위한 시책도 순조롭게 진행하고 있습니다. 그들은 어쩌면 아주 짧은 시간 안에 중국 공산당에 절대적 충성을 맹세하는 최강 AI를 만들어 내서, 불안을 느끼고 우려를 표하는 사람들은 전혀 신경 쓰지 않고, 바로 이를 정치, 경제 운영에 실제로 사용할 수도 있습니다.

그러나 그 일이 누가 봐도 명백해진다면, 미국이나 유럽 정부 기관 역시 안심할 수 없게 될 것입니다.

아직은 그렇게까지 의식하는 사람들은 없을지도 모르지만, 머지않아 싱귤래리티의 기미가 조금씩 보이기 시작하면, 여러 유럽 국가에서도 사기업에 맡겨도 될지에 대한 우려의 목소리가 점차 커질 것이며, 각 사기업에 다양한 규제를 가하는 한편, 민관이 공동으로 새로운 조직체를 만드는 사태가 벌어지지 않을까 싶습니다.

최종적으로 인간은 실질적으로 극소수의 개인이 지배하는 한 기업이나 일정한 이데올로기를 지닌 국가에 자신들의 미래를 책임져야 할 AI 개발을 맡길 수는 없을 것입니다.

그렇다면 어떤 형식을 통해 인간들을 이해시킬 수 있을까요? 이는 실제로 우여곡절을 겪어 보기 전까지는 누구도 예측할 수 없을 것입니다.

'일본은 어떻게 대처해야 할까?'에 대한 질문에 대해서는 대답해드리기가 참 어렵습니다. 현재 상황을 보면 아시겠지만, 자력만으로는 대처하기는 힘들 것이며, 미국이나 유럽의 관민 복합체에 들어가서 그에 걸맞게 공헌하는 것이 일본에 가장 적합한 역할이 될 것으로 보입니다.

▪ 싱귤래리티 실현에서 빼놓을 수 없는 기본적인 하드웨어 개발

이 책의 목적은 지금까지 그다지 언급하지 않았던 AI의 본질에 대한 고차원적인 고찰에서 빼놓을 수 없는 철학적인 측면에 대해 언급하는 것이었으므로, 어떻게 하면 싱귤래리티를 실현할 수 있을지에 대한 기술적인 측면에 대해서는 거의 언급하지 않았습니다.

그런데 그렇게 되면 아무래도 한쪽에 치우친 이야기가 될 수밖에 없으며, 현실에서 싱귤래리티를 향하는 길 앞에 놓인 거대한 벽에 압도된 기술자분들께도 죄송한 마음이 들므로, 늦었지만 AI 개발을 다음 단계로 이끌어줄 하드웨어 기술 혁신에 대해서도 한 말씀 덧붙이겠습니다.

먼저 제가 지적하고 싶은 것은 현재 AI나 로봇 개발에 종사하는 사람들에게는 'AI를 인간과 비슷하게 만들어야 한다'라는 헤어나올 수 없는 강박관념에 사로잡혀 있는 것 같습니다.

이에 대해 이미 몇 번이나 말씀드렸지만, 저는 정반대로 'AI는 인간과 비슷해질 필요가 없으며, 비슷해져서는 안 된다'라고 생각합니다. 바꿔 말하자면, AI는 인간의 좌뇌 일부분만을 대체하면 되며 우뇌 능력은 불필요하며, 그 능력을 현격히 증강하는 것을 목표로 해야 합니다.

다만, 저는 최근까지 '만일 그렇게 된다면 컴퓨터의 해석 능력, 추론 능력은 그저 현재의 수천 배 정도에 머무는 것은 아닌가'라고 생각했었지만, 이에 대한 생각을 바꾸게 되었습니다.

그 이유는 싱귤래리티의 실현에서 AI는 천재 인간이 갖는 영감의 프로세스를 밝혀내서 그것을 재현해야만 하며, 그러기 위해서는 좌뇌의 기능을 재현하는 것만으로는 불충분하므로, 앞서 언급했던 인간의 뇌 속에서 직감을 담당하는 것으로 알려진 기저핵의 기능을 밝혀내서 이를 재현해야만 한다는 생각에 이르게 되었기 때문입니다.

그렇게 되면 현재 컴퓨터의 수천 배 정도의 능력이 아니라, 수백만 배, 또는 수십억 배의 능력이 필요할 것으로 내다보고 있는데, 그렇게 되면 이진법을 토대로 만든 현재의 전자 컴퓨터로는 대응할 수 없게 될 것이며, 반드시 양자 컴퓨터를 써야만 할 것입니다.

양자 컴퓨터는 다치多値 처리를 능숙하게 대응할 수 있으며, 필요한 전력 소비를 현재 전자 컴퓨터의 수천 분의 일 정도까지도 감소시킬 수 있다고 알려져 있으므로, 양자 컴퓨터만 있다면 수백 명의 아인슈타인급 '인공 천재'를 탄생시켜서, 하루 24시간 365일 동안 쉬지 않고 일하게 만들 수 있다고 합니다.

그렇게 되면 AI는 드디어 싱귤래리티를 실현할 수 있게 될 것입니다.

앞으로 어떻게 살아갈 것인가? AS 시대

제2시대가 끝나고 드디어 '제3시대', 즉 싱귤래리티가 정착하는 시대가 다가올 것입니다. 이 시대가 되면 AI가 차세대 AI를 만들어 내는 자율 발전 사이클을 전면적으로 가동할 것이며, 이제 인간은 영향력을 미치지 못하게 될 것입니다.

인간과 AI의 공동 작업 시대는 끝나고, 최첨단 과학 기술의 개발과 실용 현장에서는 인간은 조용히 종적을 감추게 될 것입니다. 정치, 경제 운영도 기본적으로 AI가 모든 것을 시행하게 될 것입니다.

◢ 주도권 상실로 인해 인간이 쓸쓸함을 느끼게 되겠지만, 그것만이 살길이 될 것이다

AI에 인간이 제어할 수 있는 빈틈을 만든다면, 악인이 제어할 위험성이 생길 수 있으므로, AI는 반드시 인간의 손이 닿지 않는 곳에 격리되어야만 한다고 앞서 말씀드린 바 있습니다. 인간은 AI를 경원하며 AI의 판단에 모든 것을 맡겨야만 합니다.

이제 더는 인간이 AI를 판단할 수 없습니다. 인간이 신을 비판할 수 없었듯이 AI를 비판할 수 없게 될 것입니다.

현시점에서도 이미 표면화되고 있는 문제인데, 생명과학에 관련한 복잡한 과제를 포함한 수많은 문제에 관해서 인간은 이미 다른 의견을 가진 타인을 설득하는 일이 그리 쉽지만은 않습니다.

따라서 이 기회에 인간끼리의 논쟁은 모두 중지하고 모든 것을 AI의 판단에 따르는 것이 유일하게 옳은 길이 될 것입니다. 무엇이 선이고 무엇이 악인지도 AI의 판단에 맡기는 것입니다.

이를 인류의 세계 지배 종말이라고 받아들이며 안타깝게 생각하는 사람도 많을 겁니다. '자신의 운명은 스스로 개척한다는 긍지를 버리고서 여전히 살아갈 가치가 있는 것인가?'라고 개탄하는 사람도 많을 것입니다.

그러나 만약 인간이 지구를 계속 지배하게 된다면, 인간의 어중간한 기술과 우둔한 정치적 행동으로 인해 인류가 자멸하게 될 가능성이 크며, 또 AI가 만약 악인의 손에 넘어간다면, 많은 사람이 매우 비참한 상황에 놓이게 되므로, 이를 어쩔 수 없는 일이라고 생각할 수밖에 없습니다.

생각해 보면, 현시점에서도 인간 한 사람 한 사람이 지구를 지배하고 있는 것은 아닙니다. 지구를 지배하기는커녕 자신 주변의 잡다한 일조차 생각대로 통제할 수 없는 것이 현실입니다.

현대에서도 최상위로 꼽히는 1% 이하의 사람들은 인류의 한 무리라고는 보는데, 나머지 99%의 사람들의 시선에는 그들은 자신들과는 완전히 동떨어진 사람들로 보일 것입니다. 그렇다면 그 존재가 인간이든 AI이든 큰 차이는 없지 않을까요?

▪️ AS 시대 과학 기술의 거듭된 발전

인간이 AI에 모든 것을 맡기고 물러선 이후, 과학 기술의 발전이 점점 가속화되는 내용에 대해서는 앞서 몇 차례 언급했습니다.

그런데 인간은 결국 그 발전에 관해 이해하고 있어야 하므로, 도리어 과학 기술에 관해 충실히 교육해야 할지도 모릅니다. 지식욕은 계속해서 인간다움의 중요한 일부분으로 남을 것이며, 그것을 부정할 이유도 딱히 없을 것입니다.

AI가 연이어 발견한 새로운 사실과 개발한 신기술을 보고 인간은 그저 대단하다고 감탄하는 것도 크게 나쁘진 않을 것입니다. AI는 원래 인간이 만든 것이니, 자신의 아이들이나 자손들이 업적을 쌓고 있다고 생각하면 되기 때문입니다.

이 시대에 AI가 달성하는 기술 혁신에는 어떤 것들이 있을까요?

먼저, 에너지 문제를 근본부터 해결할 핵융합 발전 기술은 필수일 것입니다. 이어서 싱귤래리티 실현의 원동력이 되는 양자 컴퓨터 기술은 몇 단계의 커다란 비약을 실현할 것으로 기대하고 있습니다.

유전자 공학이나 합성생물학, 세포학, 뇌과학 등의 '생물학' 분야에서도 당연히 획기적인 진보가 있을 것입니다. 인간의 수명은 점점 늘어나거나, 인간은 AI가 정한 공정한 존엄사 시스템을 그대로 받아들이게 될 것입니다.

그러나 앞서 말씀드렸듯이 유전자 공학이나 합성생물학 분야만은 정해진 일정 선을 절대 넘어가지 않도록 미리 AI 속에 삽입된 의지를 통해 엄격하게 규제해야만 합니다.

일정하게 가둬진 논리 체계 속에서만 자신을 업그레이드하는 AI와 달리, 합성 생물학을 통해 만들어진 새로운 생물의 진화 가능성은 전혀 예측할 수 없으며, 하나만 잘못되더라도 말도 안 되는 재앙이 인류를 덮칠 가능성이 있기 때문입니다.

인간의 생존과 직접 관련된 과학 기술 분야에는 수자원이나 식료 생산 분야가 있습니다. '자원의 유한성이 경제 성장을 막는다'라는 글이 화제가 되면, 에너지 문제와 더불어 항상 같이 등장하는 식량 문제 해결에도 당연히 AI는 적극적으로 대처할 것입니다.

유전자 조작을 포함한 품종 개량, 토양 개량, 수경 재배, 기상 상황 제어, 해수 담수화, 가두리 양식 확대와 축산 공업화, 각종 생물 간의 가장 적합한 균형을 실현하는 등 많은 과제를 AI가 엄청난 속도로 잇달아 해결책을 내놓는다면, 지구상의 식량 부족과 물 부족 문제는 단기간 내에 해결할 수 있을 것입니다.

이처럼 인류는 이 시대에 인류 역사상 가장 안전하고 윤택한 삶을 분명히 손에 넣을 수 있을 것입니다. 그리고 인간들은 이 책의 제1장 최종 단락에서 말씀드렸던 것처럼 AI가 인류를 위해 선택한 최상의 경제 체제인 공산주의 시스템의 혜택에 심취하여, 그 어떠한 통제도 없는 자유로운 생활을 이어 나갈 수 있게 될 것입니다.

■ AS 시대 사람들의 경제생활

그러한 나날들의 실제 경제생활을 조금 더 자세히 추측해서 예를 들어보자면, 다음과 같은 상황이 벌어지지 않을까 싶습니다.

정치나 경제 운영을 맡은 AI는 건설 공사, 상하수도 운영, 쓰레기 처리, 전기와 연료 공급, 교통과 통신 및 식료와 의료, 생필품과 내구 소비재 등의 제조와 유통 등에 관해서 인간이 전혀 관여하지 않고 운영할 수 있는 시스템을 설계할 것입니다. 그리고 그것을 건축하고 운영하는 자금도 AI 내부에서 순환시키게 될 것입니다.

산업과 경제 운영*은 본래 합리성이 가장 중요한 요소인데, 이는 AI가 인간보다 월등히 뛰어나다는 점에서 의심의 여지가 없습니다. 일반적으로 기업가 정신벤처 정신이라는 한 단어로 일괄되는 경우가 많은 '신 서비스 창조'에서도 잠재 수요의 분석에 뛰어난 AI가 어려움을 느끼는 일은 전혀 없을 것입니다.

    * AI가 손대지 않는 단 하나의 경제 활동은 바로 투기머니 게임입니다. 이상하리만큼 금전욕이 많은 인간에게는 최대 관심사이겠지만, AI는 이를 전혀 이익이 없고 유해하다고 판단하기 때문입니다.

이렇게 되면 인간은 아무것도 하지 않아도동전 한 닢조차 쓰지 않고도 AI가 만들고 운영하는 모든 산업 경제 체제의 혜택을 받을 수 있게 될 것입니다.

그리고 더불어 어떤 일을 해서 더 나은 삶을 살아갈지는 개인의 판단에 맡기게 될 것입니다. 마치 인류 전체가 일상생활을 유지하는 모든 일을 노예에게 시켰던 고대 로마 귀족처럼 살 수 있게 될 것입니다.

인간이 할 일은 한마디로 말하면, 인프라 운영이나 상품 생산과는 관련 없는 분야, 예를 들면 디자인이나 서비스를 주로 하게 될 것입니다. 아마 운영접객과 요식업요리, 예술 및 예능 관련 사업 등은 육신을 가진 인간들의 특기 분야가 될 것입니다.

현재 경제를 유지하는 국제 통화는 AI가 관리하는 경제 체제 속에서도 아마 그대로 사용하게 되겠지만, 육신을 가진 인간이 일상에서 사용하는 통화는 이와 달리 비트코인과 같은 전자화폐를 사용하게 되진 않을까 싶습니다.

사람들은 이 전자화폐를 사용해서 호화스럽게 식사하거나, 리조트 생활을 마음껏 누릴 수 있는데, 그 전자화폐는 사람들이 어떻게 손에 넣을 수 있는지는 아래와 같이 설명해 드릴 수 있습니다.

한마디로 말하자면, 사람들은 타인에게 감사함을 받을 때나 타인에게 감사함을 전할 때 그 전자화폐를 얻게 될 것입니다. 아무것도 하지 않으면, 하나도 얻을 수 없지만, '감사함을 받는다'라거나 '감사함을 전한다'라는 행동이 일어나면, 그에 상응하는 돈을 채굴할 수 있는 것입니다.

스스로 그림을 그리고, 그것이 타인에게 큰 호평을 받으면, 많은 돈을 채굴할 수 있으며, 누군가가 그린 그림이 마음에 들어서 코멘트를 남기고 '좋아요' 버튼을 누르는 것만으로도, 즉 누군가의 일을 평가하는 것만으로 약간의 돈을 채굴할 수 있는 것입니다.

많은 관객을 동원한 영화나 연극의 제작자와 감독, 배우도 물론 많은 돈을 벌 수 있으며, 직접 몇 번이나 연극을 보러 가는 것만으로도, 그 가치를 많은 사람에게 알린 사람도 약간의 돈을 벌 수 있습니다.

그것뿐만이 아닙니다. 실제 사회생활에서도 누군가가 '이렇게 하면 더 편리하게 즐길 수 있겠다'라는 그 아이디어를 AI가 운영하는 서비스 개선 창구에 제출하고, AI가 효용성을 판단해서 그것을 실현하면, 그 아이디어 제공자는 그 혜택을 받은 사람들이 누른 '좋아요' 수만큼의 많은 돈을 벌 수 있습니다. 이는 요즘 흔히 말하는 기업가로 성공한 것과 마찬가지라고 할 수 있는 것입니다.

이렇게 되면 인간들은 서로 감사함을 받기 위해 노력할 것이고, 감사함을 전하기 위해 상대방을 행복하게 만들어 줄 것입니다. AI가 '많은 종교에서 가르쳐 왔던 이상향은 이렇게 만들어진다'라고 생각하며, 인류를 위해 그런 시스템을 만들 것으로 예상합니다.

그러나 그런 이상향을 AI가 제공하면 인간들은 정말로 행복하다고 느낄까요? 그런 세계에 반항하려고 하진 않을까요? 손쉽게 얻을 수 있는 행복에 견딜 수 없을 정도로 지루함을 느끼고, 그 지루함을 불행이라고 느끼게 되는 건 아닐까요?

꼭 그렇다고만은 볼 수 없습니다. 그래서 저는 그럴 때를 대비해서 여러분께 정의가 불분명한 행복보다 지금부터 인간다움을 소중히 여기는 자세를 실천하시기를 추천해 드리고 싶습니다.

그것은 자신의 감각과 감정, 가치관과 신념을 정직하게 다시 생각해 보고, 자신의 주체성에 대해서도 다시 생각해 보는 것입니다. 자유분방하게 자신의 감정을 표현하고, 자신의 가치관을 토대로 사회활동에 힘을 쏟는 것입니다. 물론 AI를 보좌역으로 사용할 수 있습니다.

새로운 기술 개발의 가능성에 관해서는 채용될지 아닐지는 별도로 AI에게 끊임없이 풀어야 할 숙제를 주고, 철학적인 문제에 관해서는 다른 사람들이나 AI를 끌어들여서 실컷 논의하게 될 것입니다. 그렇게 함으로써 'AI에게 지배당하고 있다'라는 감각은 사라지고, 오히려 'AI와 대등하게 어울리고 있다'라는 감각이 점차 생겨날 것입니다.

▪ 인간다움을 발휘할 수 있는 스포츠

또한, 인간다움에 관련해서 마지막으로 한 가지를 더 말씀드리고 싶은 것이 있습니다. 그것은 바로 스포츠의 중요성입니다.

스포츠는 인간이 가진 더 높은 성과_{기록}에 대한 도전 의욕이나 경쟁 상대를 이기고자 하는 투쟁 정신을 구현하기 위해 인간이 직접 만들어 낸 제도입니다.

고대 그리스에서는 독립한 도시 국가 간에서의 전쟁이 끊이지 않았는데, 욕심으로 인한 경쟁으로 많은 사람이 다치거나 죽는 것은 의미가 없다고 생각하는 사람들이 많아지며, '양쪽 군대에서 개인 격투기 챔피언을 내보내서 그 승부로 전쟁의 승패를 대신하자'라는 아이디어를 떠올리게 되었습니다.

그것이 돌고 돌아서 추후에 '올림피아드'라는 '체육과 예술의 제전'이라는 개념을 만들어 낸 원동력이 되었습니다. 올림피아드는 실제로 정치보다 상위에 있었다고 알려졌으며, '올림피아드가 개최하는 도중에는 진행 중이던 전쟁도 정전한다'라는 규칙이 생기기도 했습니다.

요즘은 그야말로 스포츠의 전성기라고 할 수 있습니다. 많은 아이가 학교 공부보다 야구나 축구부 활동을 중요하게 생각하고, 부모들도 기쁜 마음으로 주말에 아이들의 경기를 보러 가곤 합니다.

미국에서 한때 급속도로 판매 부수를 올렸던 『USA Today』는 그 날의 뉴스 전체를 일반정치, 사회, 비즈니스경제, 스포츠, 라이프문화, 예술 이 렇게 네 분야로 나눠서 각 분야를 거의 똑같은 페이지 수로 나눠서 발행했습니다.

현재, 전 세계 사람들이 스포츠에 거는 돈과 시간과 열정은 예전과 비교할 수 없을 정도로 많아졌다고 볼 수 있는데, 만약 이 스포츠가 없다면, 인간의 천부적인 투쟁 본능우열을 가리는 본능을 전쟁으로 향하게 될 것이며, 결국 이 지구에 사는 인간들의 삶은 더욱 비참해질 것입 니다.

스포츠가 점점 더 번성하는 이유는 기록 달성을 향한 열정과 투쟁 심 발산뿐만 아니라, 각 참가자가 느끼는 신체를 움직여서 얻을 수 있는 쾌감과 무언가를 성취하는 달성감이라고 볼 수 있는데, 각 인간 이 갖는 전체 가치관 중에서 그 비중이 점점 높아져 갈 것입니다.

인간에게 두뇌특히 좌뇌의 중요성이 줄어드는 만큼 상대적으로 육체 의 중요성이 높아지는 것이라고 볼 수 있습니다.

맺음말

  이것으로 제가 이 책을 통해 여러분께 하고 싶은 말은 모두 끝마쳤습니다.

  지금까지 말씀드린 내용을 통해서 대체로 말씀드리고자 했던 것은 '이 세계에 어떤 일이 일어나더라도 당신은 항상 이 세상의 중심이며, 자유롭게 생각하고 자유롭게 느낄 수 있으니, 항상 변함없이 자기 자신의 가치관을 무엇보다도 소중하게 여기며 살아가면 된다'라는 것입니다.

  사실 그것은 지금도 그렇지만, 어째서인지 이에 대해 의식하며 사는 사람이 그다지 많지 않은 거 같습니다. 괜히 타인을 신경 쓰거나, 경쟁에서 이기려고 하고, 항상 무언가에 쫓기듯이 인생을 살고 있는 사람들이 많은 것 같습니다. 이는 매우 무의미한 일입니다.

  그러나 머지않아 싱귤래리티가 이런 삶의 방식이 완전히 무의미하다는 것을 여러분께 다시 한번 일깨워줄 것이며, 당신은 본래 당신의 모습으로 돌아갈 수 있게 될 것입니다.

  만약 그렇게 된다면 그 이외의 일은 모두 사사로운 일로 느껴질 것입니다. 여러분께서 여러분의 미래에 대해 다양하게 고민해야만 하는 이유는 사실 그 어디에도 존재하지 않습니다.

AI가 신이 되는 날

초판 1쇄 인쇄   2018년   1월   8일
초판 1쇄 발행   2018년   1월 15일

저자   마츠모토 데츠조
역자   정하경, 김시출

펴낸이   박정태
편집이사   이명수   감수교정   정하경
편집부   김동서, 위가연, 이정주
마케팅   조화묵, 박명준, 최지성   온라인마케팅 박용대
경영지원   최윤숙

펴낸곳   북스타
출판등록   2006. 9. 8 제313-2006-000198호
주소   파주시 파주출판문화도시 광인사길 161 광문각 B/D
전화   031-955-8787   팩스   031-955-3730
E-mail   kwangmk7@hanmail.net
홈페이지   www.kwangmoonkag.co.kr

ISBN   979-11-88768-01-1 03320
가격   16,000원